EBS랑 홈스쿨
초등 필수
영단어
LEVEL 2

MP3 파일 및
부가 자료 다운로드

정답, MP3 파일 및 부가 자료는 EBS 초등사이트(primary.ebs.co.kr)에서 다운로드 받으실 수 있습니다.

| 교 재 내 용 문 의 | 교재 내용 문의는 EBS 초등사이트 (primary.ebs.co.kr)의 교재 Q&A 서비스를 활용하시기 바랍니다. | 교 재 정 오 표 공 지 | 발행 이후 발견된 정오 사항을 EBS 초등사이트 정오표 코너에서 알려 드립니다. 교재 검색 ▶ 교재 선택 ▶ 정오표 | 교 재 정 정 신 청 | 공지된 정오 내용 외에 발견된 정오 사항이 있다면 EBS 초등사이트를 통해 알려 주세요. 교재 검색 ▶ 교재 선택 ▶ 교재 Q&A |

EBS랑 홈스쿨 초등 필수 영단어

STUDY LOG

 기본 학습 펭수를 주인공으로 하는 이야기와 삽화로 Day별 단어를 연상하며 익혀 봐요!

 반복 학습 전날 공부한 Day별 단어를 다시 한 번 복습하거나 랜덤 테스트기를 이용해 테스트해요!

 누적 학습 5개 Day씩 공부한 단어와 문장을 복습할 수 있는 다양한 유형의 문제를 풀어서 실력을 확인해 봐요!

 일차별 학습을 끝내고 나서 네모 안에 완료 표시(V)를 해 보세요.

30일(6주) 완성 학습 진도점검표

1주차

	1일차 ☐	2일차 ☐	3일차 ☐	4일차 ☐	5일차 ☐	1~5일차 누적학습 ☐
기본 학습	DAY 01 맞힌 개수 ☐ / 틀린 개수 ☐	DAY 02 맞힌 개수 ☐ / 틀린 개수 ☐	DAY 03 맞힌 개수 ☐ / 틀린 개수 ☐	DAY 04 맞힌 개수 ☐ / 틀린 개수 ☐	DAY 05 맞힌 개수 ☐ / 틀린 개수 ☐	Wrap Up 5 Days 맞힌 개수 ☐
반복 학습		DAY 01 맞힌 개수 ☐ / 틀린 개수 ☐	DAY 02 맞힌 개수 ☐ / 틀린 개수 ☐	DAY 03 맞힌 개수 ☐ / 틀린 개수 ☐	DAY 04 맞힌 개수 ☐ / 틀린 개수 ☐	틀린 개수 ☐

2주차

	6일차 ☐	7일차 ☐	8일차 ☐	9일차 ☐	10일차 ☐	6~10일차 누적학습 ☐
기본 학습	DAY 06 맞힌 개수 ☐ / 틀린 개수 ☐	DAY 07 맞힌 개수 ☐ / 틀린 개수 ☐	DAY 08 맞힌 개수 ☐ / 틀린 개수 ☐	DAY 09 맞힌 개수 ☐ / 틀린 개수 ☐	DAY 10 맞힌 개수 ☐ / 틀린 개수 ☐	Wrap Up 5 Days 맞힌 개수 ☐
반복 학습	DAY 05 맞힌 개수 ☐ / 틀린 개수 ☐	DAY 06 맞힌 개수 ☐ / 틀린 개수 ☐	DAY 07 맞힌 개수 ☐ / 틀린 개수 ☐	DAY 08 맞힌 개수 ☐ / 틀린 개수 ☐	DAY 09 맞힌 개수 ☐ / 틀린 개수 ☐	틀린 개수 ☐

3주차

	11일차 ☐	12일차 ☐	13일차 ☐	14일차 ☐	15일차 ☐	11~15일차 누적학습 ☐
기본 학습	DAY 11 맞힌 개수 ☐ / 틀린 개수 ☐	DAY 12 맞힌 개수 ☐ / 틀린 개수 ☐	DAY 13 맞힌 개수 ☐ / 틀린 개수 ☐	DAY 14 맞힌 개수 ☐ / 틀린 개수 ☐	DAY 15 맞힌 개수 ☐ / 틀린 개수 ☐	Wrap Up 5 Days 맞힌 개수 ☐
반복 학습	DAY 10 맞힌 개수 ☐ / 틀린 개수 ☐	DAY 11 맞힌 개수 ☐ / 틀린 개수 ☐	DAY 12 맞힌 개수 ☐ / 틀린 개수 ☐	DAY 13 맞힌 개수 ☐ / 틀린 개수 ☐	DAY 14 맞힌 개수 ☐ / 틀린 개수 ☐	틀린 개수 ☐

4주차

	16일차 ☐	17일차 ☐	18일차 ☐	19일차 ☐	20일차 ☐	16~20일차 누적학습 ☐
기본 학습	DAY 16 맞힌 개수 ☐ / 틀린 개수 ☐	DAY 17 맞힌 개수 ☐ / 틀린 개수 ☐	DAY 18 맞힌 개수 ☐ / 틀린 개수 ☐	DAY 19 맞힌 개수 ☐ / 틀린 개수 ☐	DAY 20 맞힌 개수 ☐ / 틀린 개수 ☐	Wrap Up 5 Days 맞힌 개수 ☐
반복 학습	DAY 15 맞힌 개수 ☐ / 틀린 개수 ☐	DAY 16 맞힌 개수 ☐ / 틀린 개수 ☐	DAY 17 맞힌 개수 ☐ / 틀린 개수 ☐	DAY 18 맞힌 개수 ☐ / 틀린 개수 ☐	DAY 19 맞힌 개수 ☐ / 틀린 개수 ☐	틀린 개수 ☐

5주차

	21일차 ☐	22일차 ☐	23일차 ☐	24일차 ☐	25일차 ☐	21~25일차 누적학습 ☐
기본 학습	DAY 21 맞힌 개수 ☐ / 틀린 개수 ☐	DAY 22 맞힌 개수 ☐ / 틀린 개수 ☐	DAY 23 맞힌 개수 ☐ / 틀린 개수 ☐	DAY 24 맞힌 개수 ☐ / 틀린 개수 ☐	DAY 25 맞힌 개수 ☐ / 틀린 개수 ☐	Wrap Up 5 Days 맞힌 개수 ☐
반복 학습	DAY 20 맞힌 개수 ☐ / 틀린 개수 ☐	DAY 21 맞힌 개수 ☐ / 틀린 개수 ☐	DAY 22 맞힌 개수 ☐ / 틀린 개수 ☐	DAY 23 맞힌 개수 ☐ / 틀린 개수 ☐	DAY 24 맞힌 개수 ☐ / 틀린 개수 ☐	틀린 개수 ☐

6주차

	26일차 ☐	27일차 ☐	28일차 ☐	29일차 ☐	30일차 ☐	26~30일차 누적학습 ☐
기본 학습	DAY 26 맞힌 개수 ☐ / 틀린 개수 ☐	DAY 27 맞힌 개수 ☐ / 틀린 개수 ☐	DAY 28 맞힌 개수 ☐ / 틀린 개수 ☐	DAY 29 맞힌 개수 ☐ / 틀린 개수 ☐	DAY 30 맞힌 개수 ☐ / 틀린 개수 ☐	Wrap Up 5 Days 맞힌 개수 ☐
반복 학습	DAY 25 맞힌 개수 ☐ / 틀린 개수 ☐	DAY 26 맞힌 개수 ☐ / 틀린 개수 ☐	DAY 27 맞힌 개수 ☐ / 틀린 개수 ☐	DAY 28 맞힌 개수 ☐ / 틀린 개수 ☐	DAY 29 맞힌 개수 ☐ / 틀린 개수 ☐	틀린 개수 ☐

EBS랑 홈스쿨 초등 필수 영단어
LEVEL 2

새 교육과정에서
가장 중요하고
가장 많이 나오는
영단어와 예문 수록

하루 10~14개 단어를
4단계 학습으로
30일 만에
영단어 학습 완성

Day 별로
**5번 외우고,
5번 듣고, 5번 쓰는**
반복 학습 프로그램

펭수와 스토리로
영단어를 공부하는
**연상형
단어 학습서**

Level 1

Day 01 family / father / mother / sister / brother / grandfather / grandmother / my / baby / child **Day 02** hi / hello / bag / good / meet / friend / morning / afternoon / evening / night **Day 03** face / hand / leg / ear / nose / eye / mouth / foot / head / body **Day 04** this / that / bed / book / desk / door / lamp / chair / window / bookcase **Day 05** go / come / up / down / sit / stand / stop / dog / ball / touch **Day 06** buy / doll / pen / ruler / crayon / eraser / pencil / notebook / scissors / glue stick **Day 07** color / red / blue / pink / black / green / white / orange / purple / yellow **Day 08** one / three / four / five / six / seven / eight / nine / eleven / twelve **Day 09** fruit / apple / grape / banana / strawberry / vegetable / carrot / potato / tomato / like **Day 10** cat / cow / bird / duck / horse / mouse / rabbit / chicken / butterfly / sing **Day 11** big / small / fat / slim / old / young / tall / short / heavy / light **Day 12** wear / cap / hat / coat / pants / shoes / skirt / socks / T-shirt / expensive **Day 13** cup / dish / fork / spoon / album / brush / clock / watch / mirror / thing **Day 14** here / there / where / in / on / under / behind / between / next to / in front of **Day 15** eat / rice / bread / salad / steak / cheese / breakfast / lunch / dinner / delicious **Day 16** drink / hot / cold / tea / milk / water / juice / coffee / thirsty / coin **Day 17** nature / sky / star / sun / moon / river / cloud / mountain / rainbow / look at **Day 18** class / art / P.E. / math / science / music / history / Korean / English / interesting **Day 19** see / zoo / animal / bear / lion / tiger / turtle / giraffe / monkey / elephant **Day 20** fly / run / walk / swim / dance / dive / kick / jump / climb / skate **Day 21** make / bake / open / close / fix / clean / wash / hang / trash / take out **Day 22** by / car / bus / ride / bike / train / ship / subway / airplane / on foot **Day 23** far / near / park / bank / school / bakery / hospital / bookstore / restaurant / supermarket **Day 24** play / win / lose / game / soccer / tennis / baseball / basketball / badminton / volleyball **Day 25** weather / rainy / sunny / cloudy / snowy / stormy / windy / foggy / umbrella / outside **Day 26** cook / nurse / doctor / singer / farmer / scientist / painter / designer / firefighter / police officer **Day 27** shy / kind / lazy / smart / noisy / careful / funny / honest / creative / on time **Day 28** air / tree / need / plant / pot / leaf / vase / stone / flower / sunlight **Day 29** sad / happy / hungry / full / sick / tired / proud / excited / worried / surprised **Day 30** people / know / boy / girl / man / woman / student / teacher / teen / adult

Level 2

Day 01 house / kitchen / bedroom / bathroom / living room / bell / wall / picture / curtain / floor / visit / mail / address / welcome **Day 02** hobby / fish / hike / sport / video / collect / toy / search / Internet / camping / shopping / board game / free / time **Day 03** band / concert / violin / piano / guitar / drum / song / voice / beautiful / stage / center / kid / smile / ticket **Day 04** cute / little / pretty / handsome / hair / curly / ring / scarf / glasses / necklace / quiz / circle / guess / answer

Day 05 hour / minute / second / o'clock / at / now / late / call / screen / dark / bright / same / different / cousin **Day 06** calendar / Monday / Tuesday / Wednesday / Thursday / Friday / Saturday / Sunday / week / weekend / today / tomorrow / yesterday / busy **Day 07** low / high / fast / slow / tiny / huge / brave / afraid / weak / strong / easy / difficult / fun / together **Day 08** sore / throat / fever / runny nose / cough / finger / blood / headache / stomachache / cry / rest / worry / should / wrong **Day 09** gym / library / cafeteria / classroom / nurse's office / playground / court / track / gate / stair / space / enter / large / exciting **Day 10** study / listen / carefully / teach / test / lesson / question / textbook / homework / rule / raise / hard / quiet / restroom **Day 11** how / turn / left / right / cross / street / block / corner / straight / town / shop / station / church / post office **Day 12** fan / radio / camera / printer / laptop / computer / television / smartphone / useful / item / home / have / turn on / turn off **Day 13** job / chef / pilot / artist / writer / baker / dancer / dentist / musician / future / dream / many / want / become **Day 14** season / spring / summer / fall / autumn / winter / warm / cool / favorite / trip / picnic / beach / thank / snowman **Day 15** country / Korea / U.K. / Spain / U.S.A. / China / map / travel / city / world / culture / memory / west / east **Day 16** language / word / French / German / Chinese / Japanese / Italian / Spanish / foreign / learn / speak / repeat / practice / understand **Day 17** menu / order / return / pay / try / cash / credit card / curry / noodle / seafood / fried rice / sandwich / spaghetti / hamburger **Day 18** find / hear / taste / smell / sound / rough / scared / strange / footprint / planet / astronaut / spaceship / telescope / shooting star **Day 19** field day / exercise / cheer / catch / throw / shoot / pass / sweat / race / medal / player / team / score / goal **Day 20** month / January / February / March / April / May / June / July / August / September / October / November / December / birthday **Day 21** story / title / author / letter / forest / knight / adventure / castle / king / princess / ghost / giant / witch / dragon **Day 22** festival / pop / crowd / line / wait / magic / snack / food truck / photo / photographer / flea market / jacket / jeans / sneakers **Day 23** cost / help / look for / try on / pick / cheap / sale / clerk / price / total / receipt / backpack / paper bag / shopping mall **Day 24** first / second / third / fourth / fifth / sixth / grade / sand / hold / bench / ladder / elementary school / middle school / high school **Day 25** cake / card / gift / guest / party / candle / balloon / present / blow / invite / arrive / decorate / glad / special **Day 26** list / plan / earn / save / money / waste / spend / coupon / lend / borrow / promise / hundred / thousand / allowance **Day 27** know / hope / agree / think / curious / perfect / genius / idea / museum / universe / forget / decide / believe / remember **Day 28** pan / oven / bowl / plate / jam / butter / sugar / add / mix / put / toast / cut / spread / sweet **Day 29** snow / fire / flood / storm / earthquake / typhoon / area / use / exit / safe / news / wide / quickly / elevator **Day 30** warn / Earth / pollution / worse / serious / problem / global warming / grow / recycle / reuse / pick up / protect / energy / important

한눈에 보는 초등 의사소통 언어 형식

No.	예문	No.	예문
1	Kate is from London. L2	38	John and Mary are good friends. L1 L2
2	A boy/The boy/The (two) boys ran in the park. L1 L2	39	Does Anne work out on weekends? L2
3	Water is very important for life. L1 L2	40	Open your book. L1 L2
4	The store is closed. L1 L2	41	Let's go to Brian's birthday party. L1 L2
5	This book is very interesting. L1 L2	42	I am not tired. L1 L2
6	That dog is smart. L1 L2	43	It isn't very cold. L1 L2
7	These/Those books are really large. L1 L2	44	I don't like snakes. L1 L2
8	We didn't buy much/any food. L2	45	You can't swim here. L1 L2
9	Many young people have no money. L1 L2	46	We didn't enjoy the movie very much.
10	Every monkey likes bananas. L1 L2	47	Tom won't be at the meeting tomorrow. L1
11	All children love baby animals. L1 L2	48	Are you ready? L1 L2
12	Which do you like better, this or that? L1	49	Is it raining? L2
13	These are apples, and those are tomatoes. L1	50	Do you like oranges? L1 L2
14	I like your glasses. What about mine? L1 L2	51	Don't you like apples? L2
15	We are very glad to hear from him. L1 L2	52	Can you write a letter in English? L1 L2
16	He will help her. L1 L2	53	When will you come? L2
17	They're really delicious. L1 L2	54	Where can we take the bus? L1 L2
18	She is a scientist, and he's a teacher. L1 L2	55	Why did he leave early? L2
19	Susan likes math, but John doesn't like it. L2	56	How do you spell your name? L1 L2
20	It's cold outside. L1 L2	57	Who can answer that question? L1 L2
21	It's Wednesday. L2	58	Whose dolls are these? L2
22	It's half past four. L1 L2	59	Which ice cream do you like, vanilla or chocolate?
23	It's windy today. L1 L2	60	What size is this shirt? L1
24	It's far from here. L1	61	What time is it? L2
25	He walks to school every day. L1 L2	62	How old is she? L1
26	We (usually) meet after lunch. L1 L2	63	How big is the house?
27	We played soccer yesterday. L2	64	How heavy is your computer?
28	She is going to visit her grandparents next week. L2	65	How much is it? L1
29	I will visit New York next year. L1 L2	66	Can we sit down in here? L1 L2
30	He is sleeping now. L1 L2	67	May I borrow your book? L1 L2
31	The baby cried. L1 L2	68	You may leave now.
32	She stayed in bed. L2	69	She can play the violin. L1 L2
33	He is a math teacher. L1 L2	70	Andy plays the guitar, and his sister plays the piano. L2
34	You look happy today. L1 L2	71	They are my neighbors, but I don't know them well.
35	I like gimbap. L1 L2	72	He went to bed because he was sleepy.
36	Mary is taller than I/me.	73	There are two books on the desk. L1 L2
37	Did you go fishing last weekend? L2		

이 책의 **구성과 특징**

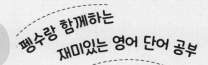

펭수랑 함께하는
재미있는 영어 단어 공부

Step 1 Let's Look & Think

펭수와 그 친구들이 주인공인 스토리를 그림과
함께 보면서 관련 단어를 Day별로 공부할 수
있어요. 스토리와 그림을 보면서 함께 익힌 영
단어와 우리말 뜻은 자연스럽게 기억에 남게 될
거예요.

Step 2 Let's Listen & Speak

녹음된 단어를 들으면서 3번 따라 말하고, 2번
써 보면서 Day별 단어들과 친해질 수 있어요.

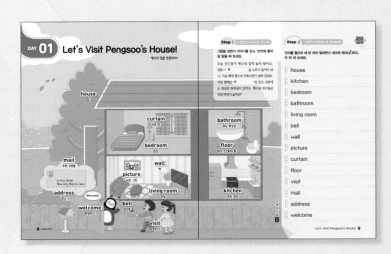

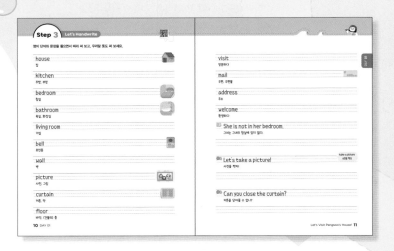

Step 3 Let's Handwrite

• 녹음된 Day별 단어와 뜻을 들으면서 영어 노
트선에 맞게 따라 써 보고, 단어와 관련 있는
내용들도 같이 공부해 봐요.

• Day별 단어를 포함한 교과서 문장과 실생활
에서 쓰이는 회화 표현들도 녹음된 내용을 듣
고 따라 말하며 영어 노트선에 뜻과 함께 쓰
면서 익혀 봐요.

같은 뜻/반대 뜻의 단어, 발음은 같은
데 뜻이 다른 단어, 서로 비슷하게 생
긴 단어 등 Day별 단어와 관련된 여
러 가지 내용을 같이 공부해 보기

Day별 단어를 포함한 교
과서 문장 연습하기

Day별 단어를 포함한 실
생활에서 많이 사용되는
회화 표현 연습하기

Let's Wrap Up **5** Days

Day별로 익힌 단어들을 5일마다 한 번씩 확인, 연습, 응용할 수 있는 다양한 유형의 리뷰 테스트를 통해 다시 한 번 복습할 수 있어요.

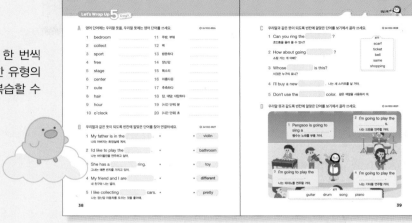

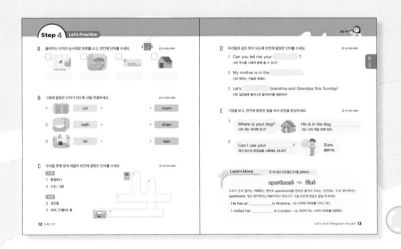

primary.ebs.co.kr

- 원어민 음원 MP3를 QR 코드로 실시간 스트리밍 및 EBS 초등사이트에서 다운 로드 해서 듣고 쓰고 말하는 단어 연습 을 언제 어디서든 편하게 할 수 있어요.

- EBS 초등사이트에서 무료 강의 및 셀프 진단기, 랜덤 테스트기, 따라 쓰기 워크 시트 등 다양한 부가 자료를 활용해 공 부했던 단어들을 완벽하게 마스터할 수 있어요.

Step 4 Let's Practice

- 펭수 삽화와 스토리를 통해 익힌 Day별 영단어와 우리말 뜻을, 직접 듣고 써 보는 유형부터 문장을 통해 테스트해 보는 유형까지 다채롭 고 흥미로운 문제 유형으로 확인해 봐요.

- Day별 단어 외에도 단어의 어원, 뉘앙스 차이를 가진 단어들, 그리고 알아 두면 좋은 연어(collocation), 숙어(idiom), 구동사(phrasal verbs) 등을 짝을 지어 공부할 수 있어요.

이 책의 차례

펭수와 친구들이 함께하는 흥미진진한 이야기들

Let's Visit Pengsoo's House!

펭수의 집을 방문하자!

house
집

curtain
커튼, 막

bedroom
침실

mail
우편, 우편물

10 Main Street
Peng-dong, Peng-gu, Seoul

wall
벽

picture
사진, 그림

address
주소

living room
거실

Welcome!

bell
초인종

welcome
환영하다

POST

visit
방문하다

Step 1 | Let's Look & Think

그림을 보면서 이야기를 읽고, 빈칸에 들어갈 말을 써 보세요.

오늘 친구들이 펭수네 집에 놀러 왔어요. 딩동~! ❶ [_____] 을 누르고 들어가 보니, 거실 벽에 펭수의 가족사진이 걸려 있네요. 거실 옆에는 ❷ [_____] 이 있고, 2층에는 침실과 화장실이 있어요. 펭수와 친구들은 무얼 하면서 놀까요?

bathroom
욕실, 화장실

floor
바닥, (건물의) 층

kitchen
주방, 부엌

정답 ❶ 초인종 ❷ 주방

Step 2 | Let's Listen & Speak

단어를 들으며 세 번 따라 말하면서 네모에 체크(√)하고, 두 번 써 보세요.

- [ ] house
- [ ] kitchen
- [ ] bedroom
- [ ] bathroom
- [ ] living room
- [ ] bell
- [ ] wall
- [ ] picture
- [ ] curtain
- [ ] floor
- [ ] visit
- [ ] mail
- [ ] address
- [ ] welcome

Step 3 Let's Handwrite

영어 단어와 문장을 들으면서 따라 써 보고, 우리말 뜻도 써 보세요.

house

집

kitchen

주방, 부엌

bedroom

침실

bathroom

욕실, 화장실

living room

거실

bell

초인종

wall

벽

picture

사진, 그림

curtain

커튼, 막

floor

바닥, (건물의) 층

visit

방문하다

mail

우편, 우편물

address

주소

welcome

환영하다

📖 She is not in her bedroom.

그녀는 그녀의 침실에 있지 않아.

💬 Let's take a picture!

사진을 찍자!

take a picture
사진을 찍다

💬 Can you close the curtain?

커튼을 닫아줄 수 있니?

A 들려주는 단어의 순서대로 번호를 쓰고, 빈칸에 단어를 쓰세요. ▶ 241032-0001

B 그림에 알맞은 단어가 되도록 선을 연결하세요. ▶ 241032-0002

1 cur •   • room

2 bath •   • chen

3 kit •   • tain

C 우리말 뜻에 맞게 퍼즐의 빈칸에 알맞은 단어를 쓰세요. ▶ 241032-0003

 가로

1 환영하다

4 사진, 그림

 세로

2 초인종

3 바닥, (건물의) 층

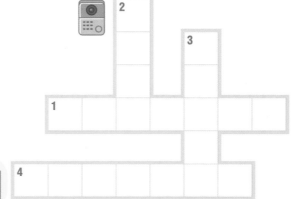

D 우리말과 같은 뜻이 되도록 빈칸에 알맞은 단어를 쓰세요. ▶ 241032-0004

1 Can you tell me your _____?

너의 주소를 나에게 말해 줄 수 있니?

2 My mother is in the _____.

나의 엄마는 거실에 계세요.

3 Let's _____ Grandma and Grandpa this Sunday!

이번 일요일에 할머니와 할아버지를 방문하자!

E 그림을 보고, 빈칸에 알맞은 말을 써서 문장을 완성하세요. ▶ 241032-0005

1

Where is your dog?
너의 개는 어디에 있니?

He is in his dog _____.
그는 그의 개집 안에 있어.

2

Can I use your _____?
제가 당신의 화장실을 사용해도 되나요?

Sure.
물론이죠.

Let's Learn More   추가로 알아 두면 좋은 단어를 살펴봐요!

apartment vs. flat

우리가 흔히 말하는 **아파트**는 영어로 apartment를 편의상 줄여서 부르는 것인데요. 미국 영어에서는 apartment, 영국 영어에서는 flat이라고 한답니다. 다음 빈칸에 알맞은 말을 써 보세요.

• He has an _____ in America. 그는 미국에 아파트를 가지고 있다.

• I visited her _____ in London. 나는 런던에 있는 그녀의 아파트를 방문했다.

DAY 02 What Do You Do in Your Free Time?

너는 자유 시간에 무엇을 하니?

Step 1 Let's Look & Think

그림을 보면서 이야기를 읽고, 빈칸에 들어갈 말을 써 보세요.

펭수에게 자유 시간이 생겼어요. 펭수는 ❶ [＿＿＿＿＿＿] 가 정말 많은데요. 운동하기, 캠핑하기, 쇼핑하기, ❷ [＿＿＿＿＿＿] 자동차 모으기 등등! 펭수는 이 중에서 무엇을 하면서 자유 시간을 보낼지 행복한 고민에 빠져 있는 것 같아요.

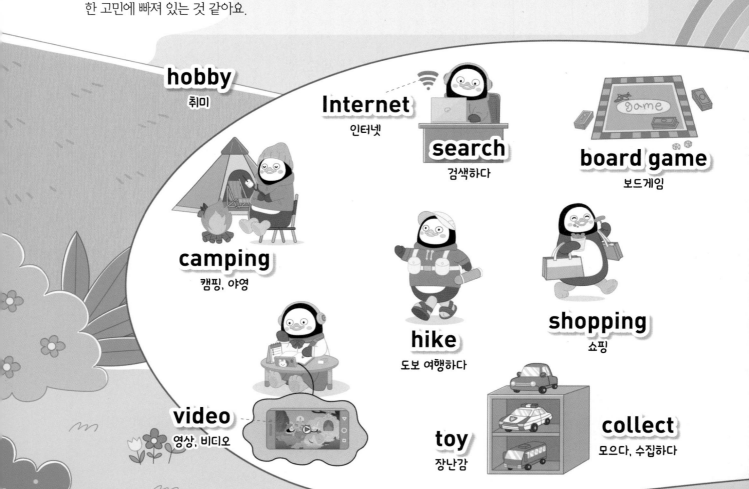

hobby 취미

Internet 인터넷

search 검색하다

board game 보드게임

camping 캠핑, 야영

hike 도보 여행하다

shopping 쇼핑

video 영상, 비디오

toy 장난감

collect 모으다, 수집하다

free
자유로운, 무료의

time
시간

My free time

sport
운동, 경기, 스포츠

fish
낚시하다; 물고기

단어를 들으며 세 번 따라 말하면서 네모에 체크(✔)하고, 두 번 써 보세요.

- ☐ hobby
- ☐ fish
- ☐ hike
- ☐ sport
- ☐ video
- ☐ collect
- ☐ toy
- ☐ search
- ☐ Internet
- ☐ camping
- ☐ shopping
- ☐ board game
- ☐ free
- ☐ time

What Do You Do in Your Free Time? **15**

Step 3 Let's Handwrite

영어 단어와 문장을 들으면서 따라 써 보고, 우리말 뜻도 써 보세요.

hobby

취미

fish

낚시하다; 물고기

> 명사로 쓰이는 fish는 단수형도 복수형도 모두 fish예요.

hike

도보 여행하다

> go hiking
> 도보 여행[하이킹]을 가다

sport

운동, 경기, 스포츠

video

영상, 비디오

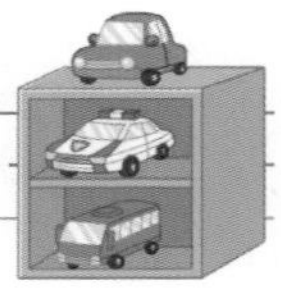

collect

모으다, 수집하다

toy

장난감

search

검색하다

Internet

인터넷

> Internet의 첫 글자 I는 보통 대문자로 써요.

camping

캠핑, 야영

DAY 02

shopping
쇼핑

shop은 명사로 '가게', 동사로 '쇼핑하다'라는 뜻이 있어요.

board game
보드게임

free
자유로운, 무료의

time
시간

💬 **How about watching a video?**
영상을 보는 게 어때?

📖 **I don't like playing board games.**
저는 보드게임 하는 것을 좋아하지 않아요.

💬 **It is time for bed.**
잠 잘 시간이야.

A 들려주는 단어의 순서대로 번호를 쓰고, 빈칸에 단어를 쓰세요. ▶ 241032-0006

☐    ☐    ☐    ☐

B 그림을 보고, 각 그림에 해당하는 단어를 쓰세요. ▶ 241032-0007

1

2

3

4

C 우리말 뜻에 맞는 단어를 찾아 동그라미 하고 빈칸에 쓰세요. ▶ 241032-0008

가로
1 자유로운, 무료의
2 모으다, 수집하다

세로
3 영상, 비디오
4 취미

1
2
3
4

d	v	h	o	h	s	i
c	i	o	f	r	e	e
r	d	b	v	l	a	r
e	e	b	c	l	r	a
s	o	y	e	c	c	t
c	o	l	l	e	c	t

D 그림을 알맞게 표현한 문장에 체크(✔)하세요. ▶ 241032-0009

1

☐ I like shopping.
☐ I like collecting coins.

2

☐ How about going hiking?
☐ How about going fishing?

E 우리말과 같은 뜻이 되도록 단어를 배열하여 문장을 완성하세요. ▶ 241032-0010

1 아침 식사 시간이야. | time, it, for, breakfast, is

➡ _____

2 인터넷을 검색하는 게 어때? | Internet, how, the, searching, about

➡ _____

Let's **Learn More** 추가로 알아 두면 좋은 단어를 살펴봐요!

for vs. during

펭수는 자유 시간 동안 무엇을 하며 시간을 보냈을까요? 영어에서는 for와 during을 사용하여 ~ 동안이라는 의미를 나타내는데요. for는 그 기간 내내 계속되는 것을 나타내고 during은 그 기간 중 어느 때에 일어난 일을 나타내요.

• Pengsoo watched videos _____ two hours.
펭수는 2시간 동안 영상을 시청했다.

• Pengsoo played board games _____ his free time.
펭수는 자유 시간 동안 보드게임을 했다.

Let's Enjoy the Band Concert!

밴드 콘서트를 즐기자!

Step 1 Let's Look & Think

그림을 보면서 이야기를 읽고, 빈칸에 들어갈 말을 써 보세요.

여기는 밴드 콘서트 현장! 무대 위에 피아노와 바이올린, ❶ [   ] 와 드럼이 어우러져 아름다운 음악을 만들고 있어요. 오! 무대 중앙에서 펭수가 ❷ [   ] 를 부르고 있군요. 여러분도 콘서트를 즐길 준비 되셨나요?

stage 무대

band (음악) 밴드

voice 목소리

song 노래

violin 바이올린

piano 피아노

center 중앙, 중심

kid 아이

smile 미소; 미소 짓다

ticket 표, 관람권

concert
콘서트, 연주회

drum
드럼

guitar
기타

beautiful
아름다운

His voice is beautiful.

단어를 들으며 세 번 따라 말하면서 네모에 체크(✓)하고,
두 번 써 보세요.

- band
- concert
- violin
- piano
- guitar
- drum
- song
- voice
- beautiful
- stage
- center
- kid
- smile
- ticket

영어 단어와 문장을 들으면서 따라 써 보고, 우리말 뜻도 써 보세요.

band

(음악) 밴드

concert

콘서트, 연주회

violin

바이올린

> 피아노의 복수형은 pianoes가
> 아닌 pianos예요.

piano

피아노

> guitarist 기타 연주자

guitar

기타

drum

드럼

song

노래

voice

목소리

beautiful

아름다운

stage

무대

center
중앙, 중심

영국 영어에서는 centre로 표기해요.

kid
아이

child 어린이 / children 어린이들

smile
미소; 미소 짓다

ticket
표, 관람권

💬 I'd like to join your band.
나는 너의 밴드에 가입하고 싶어.

💬 Whose violin is this?
이것은 누구의 바이올린이니?

📖 I'm going to sing a song.
나는 노래를 부를 거야.

DAY 03

Step 4   Let's Practice

A 들려주는 단어의 순서대로 번호를 쓰고, 빈칸에 단어를 쓰세요.

 241032-0011

B 단어 카드에 적힌 우리말 뜻에 맞는 단어를 보기에서 찾아 쓰세요.

241032-0012

보기

beautiful   center   ticket   stage

1
표, 관람권

2
중앙, 중심

3
무대

4
아름다운

C 나열된 철자의 순서를 바로잡아 악기와 관련된 단어를 완성하세요.

241032-0013

1 | u | r | m | d | _____

2 | a | p | i | o | n | _____

3 | n | i | l | o | i | v | _____

D 우리말과 같은 뜻이 되도록 빈칸에 알맞은 단어를 쓰세요. ▶ 241032-0014

1 Whose _____ is that? 저것은 누구의 표니?

2 I'd like to go to the _____. 나는 그 콘서트에 가고 싶어.

3 Peter is going to join our _____. Peter는 우리 밴드에 가입할 거야.

E 그림을 보고, 빈칸에 알맞은 말을 써서 문장을 완성하세요. ▶ 241032-0015

1

What are you going to play?
당신은 무엇을 연주할 건가요?

I'm going to play the _____.
저는 기타를 연주할 거예요.

2

Whose _____ is this?
이것은 누구의 목소리인가요?

It's Brian's.
그것은 Brian의 것이에요.

Let's **Learn More**   추가로 알아 두면 좋은 단어를 살펴봐요!

perform vs. performance

공연하다는 영어로 무엇일까요? perform은 동사로 **공연하다**라는 의미이고, performance는 명사로 **공연**이라는 의미예요. 다음 빈칸에 알맞은 말을 써 보세요.

• Pengsoo's _____ was wonderful. 펭수의 공연은 아주 멋졌다.

• He is planning to _____ magic tricks. 그는 마술을 공연하려고 계획하고 있다.

DAY 04 · Guess Who!

누구인지 추측해 봐!

Step 1 Let's Look & Think

그림을 보면서 이야기를 읽고, 빈칸에 들어갈 말을 써 보세요.

여러분, 제가 ❶ [   ] 를 낼 테니, 알맞은 펭수를 찾아 동그라미 해 보세요. 첫 번째, 곱슬머리인 펭수는 어디에 있나요? 두 번째, 예쁜 목걸이를 한 펭수는요? 마지막! 빨간 스카프를 한 펭수는 어디에 있을까요? ❷ [   ] 을 모두 찾으셨나요?

guess
추측하다

curly
곱슬곱슬한

hair
머리카락, 털

little
작은, 어린

handsome
멋진, 잘생긴

ring
반지; (벨이) 울리다

Answer!

scarf
스카프, 목도리

glasses
안경

answer
답, 대답; 대답하다

circle
원, 원형

Quiz Contest

quiz
퀴즈, 질문

pretty
예쁜

necklace
목걸이

cute
귀여운

단어를 들으며 세 번 따라 말하면서 네모에 체크(✔)하고,
두 번 써 보세요.

- ☐☐ cute
- ☐☐ little
- ☐☐ pretty
- ☐☐ handsome
- ☐☐ hair
- ☐☐ curly
- ☐☐ ring
- ☐☐ scarf
- ☐☐ glasses
- ☐☐ necklace
- ☐☐ quiz
- ☐☐ circle
- ☐☐ guess
- ☐☐ answer

영어 단어와 문장을 들으면서 따라 써 보고, 우리말 뜻도 써 보세요.

cute
귀여운

little
작은, 어린

pretty
예쁜

handsome
멋진, 잘생긴

hair는 주로 사람에게,
fur(털)는 동물에게 사용해요.

hair
머리카락, 털

straight 곧은, 일자형의

curly
곱슬곱슬한

ring
반지; (벨이) 울리다

scarf
스카프, 목도리

'안경'은 항상 복수형으로 사용해요.
glass는 '유리'를 뜻해요.

glasses
안경

necklace
목걸이

quiz

퀴즈, 질문

circle

원, 원형

Guess what!
(대화 시작할 때) 있잖아

guess

추측하다

DAY 04

answer

답, 대답; 대답하다

💬 **He has a pretty bird.**

그는 예쁜 새가 있어.

📖 **Your hair color looks cool.**

너의 머리카락 색깔은 멋져 보여.

💬 **I'll buy a necklace for the party.**

나는 파티를 위한 목걸이를 살 거야.

Step 4 · Let's Practice

A 들려주는 단어의 순서대로 번호를 쓰고, 빈칸에 단어를 쓰세요.

 241032-0016

B 우리말 뜻에 맞는 단어가 되도록 철자의 순서를 바로잡아 단어를 완성하세요. ▶ 241032-0017

1 | 스카프, 목도리 | s f a r c | ➡ _____

2 | 예쁜 | t r e p t y | ➡ _____

3 | 멋진, 잘생긴 | s h e a n d m o | ➡ _____

C 우리말 뜻에 맞게 퍼즐의 빈칸에 알맞은 단어를 쓰세요. ▶ 241032-0018

가로

1 원, 원형

4 답, 대답; 대답하다

세로

2 퀴즈, 질문

3 추측하다

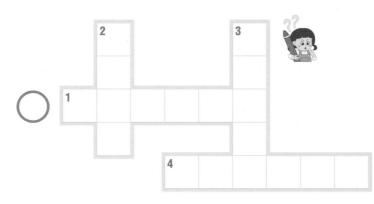

D 그림을 알맞게 표현한 문장에 체크(✔)하세요. ▶ 241032-0019

1

☐ She has curly hair.
☐ She has straight hair.

2

☐ I will buy a ring.
☐ I will buy a scarf.

E 우리말과 같은 뜻이 되도록 단어를 배열하여 문장을 완성하세요. ▶ 241032-0020

1 저 강아지는 귀여워 보여.　looks, puppy, that, cute

➡ _____

2 나는 남동생이 있어.　have, brother, I, a, little

➡ _____

Let's **Learn More**　추가로 알아 두면 좋은 단어를 살펴봐요!

with vs. without

앞에서 목걸이를 한 펭수와 빨간 목도리를 한 펭수를 잘 찾았나요? ~을 **가진**이라는 뜻의 영어 단어는 **with**예요. 반대로 ~이 **없는**이라는 뜻의 영어 단어는 **without**이랍니다. 다음 빈칸에 알맞은 말을 써 보세요.

• We can't live _____ water. 우리는 물 없이 살 수 없어요.

• That woman _____ black hair is my teacher.
  검은 머리를 가진 저 여자 분이 저의 선생님이에요.

It's Nine O'clock Now

지금은 9시 정각이야

o'clock
시(정각)

bright
밝은, 빛나는

same
같은

screen
화면, 스크린

different
다른

late
늦은, 지각한; 늦게

dark
어두운, 캄캄한

cousin
사촌

A.M. 09 : 00

now
지금, 이제

call
전화를 걸다; 전화 통화

Step 1 | Let's Look & Think

그림을 보면서 이야기를 읽고, 빈칸에 들어
갈 말을 써 보세요.

펭수는 오전 9시에 외국에 사는 사촌 형과 영상
❶ [   ] 를 했어요. 그런데 모니터
를 통해서 본 사촌 형 방의 시계를 보니, 펭수
방의 시계와 시간이 다르네요. '분'은 같은데
'❷ [   ]'가 달라요. 사촌 형의 창밖
은 캄캄한 것을 보니, 형이 사는 곳은 늦은 밤
시간 같아요.

Step 2 | Let's Listen & Speak

단어를 들으며 세 번 따라 말하면서 네모에 체크(✓)하고,
두 번 써 보세요.

☐☐ hour

☐☐ minute

☐☐ second

☐☐ o'clock

☐☐ at

☐☐ now

☐☐ late

☐☐ call

☐☐ screen

☐☐ dark

☐☐ bright

☐☐ same

☐☐ different

☐☐ cousin

at
(시간/장소/나이) ~에(서)

At nine.

minute
(시간 단위) 분

hour
(시간 단위) 시

second
(시간 단위) 초

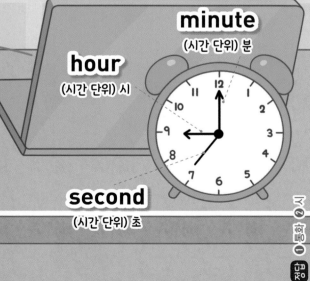

정답 ❶ 통화 ❷ 시

영어 단어와 문장을 들으면서 따라 써 보고, 우리말 뜻도 써 보세요.

hour
(시간 단위) 시

minute
(시간 단위) 분

> Wait a minute. 잠깐만.

second
(시간 단위) 초

> second는 '두 번째, 두 번째'라는 뜻도 있어요.

o'clock
시(정각)

at
(시간/장소/나이) ~에(서)

now
지금, 이제

> ago 전에 / later 나중에

late
늦은, 지각한; 늦게

call
전화를 걸다; 전화, 통화

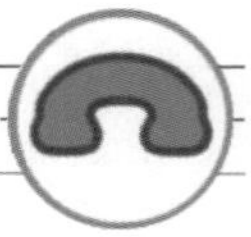

screen
화면, 스크린

dark
어두운, 캄캄한

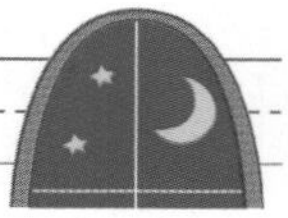

bright

밝은, 빛나는

same

같은

different

다른

> be different from
> ~와 다르다

cousin

사촌

📖 **The movie starts at eleven o'clock.**

그 영화는 11시 정각에 시작해.

💬 **Don't be late for school.**

학교에 늦지 마.

📖 **We are different from each other.**

우리는 서로 달라.

A   들려주는 단어의 순서대로 번호를 쓰고, 빈칸에 단어를 쓰세요.   ▶ 241032-0021

B   다음 단어 퀴즈에서 철자를 바르게 고쳐 쓰세요.   ▶ 241032-0022

단어 퀴즈		바르게 고치기
1	사촌	cuosin	
2	밝은	blight	
3	같은	saim	
4	다른	diferent	

C   우리말 뜻에 맞는 단어를 찾아 동그라미 하고 빈칸에 쓰세요.   ▶ 241032-0023

가로
1 (시간 단위) 분
2 (시간 단위) 시

세로
3 늦은, 지각한; 늦게
4 지금, 이제

a	m	i	n	u	t	e
i	a	c	n	l	o	w
l	t	e	h	o	u	r
a	l	n	l	w	o	a
t	s	o	t	o	c	n
e	c	w	n	l	e	u

1
2
3
4

D 우리말과 같은 뜻이 되도록 빈칸에 알맞은 단어를 쓰세요. ▶ 241032-0024

1 He is my _____. 그는 나의 사촌이야.

2 Don't touch the _____. 화면에 손대지 마.

3 The show starts at seven _____. 그 쇼는 7시 정각에 시작해.

E 우리말과 같은 뜻이 되도록 단어를 배열하여 문장을 완성하세요. ▶ 241032-0025

1 학교는 2시 30분에 끝나. finishes, thirty, at, school, two

➡ _____

2 개는 고양이와 달라. different, dogs, are, cats, from

➡ _____

Let's **Learn More** 추가로 알아 두면 좋은 단어를 살펴봐요!

past vs. to

우리는 시간을 읽을 때, 예를 들어 '10시 55분'을 '11시 5분 전'이라고 말하기도 하죠? 영어에서도 이와 비슷하게 10시 55분인 ten fifty-five는 five to eleven(5분 전 11시)으로 표현하기도 하고, 11시 10분인 eleven ten은 ten past eleven(10분 지난 11시)로 표현하기도 해요. 시간을 묻는 말에 대한 응답을 완성해 보세요.

What time is it now? 지금 몇 시니?

• It's six ten[ten _____ six]. 6시 10분이야.

• It's three fifty-five[five _____ four]. 4시 5분 전이야.

A 영어 단어에는 우리말 뜻을, 우리말 뜻에는 영어 단어를 쓰세요.   ▶ 241032-0026

1	bedroom		11	주방, 부엌
2	collect		12	벽
3	sport		13	방문하다
4	free		14	장난감
5	stage		15	목소리
6	center		16	아름다운
7	cute		17	추측하다
8	hair		18	답, 대답; 대답하다
9	hour		19	(시간 단위) 분
10	o'clock		20	(시간 단위) 초

B 우리말과 같은 뜻이 되도록 빈칸에 알맞은 단어를 찾아 연결하세요.   ▶ 241032-0027

1 My father is in the _____ .   •   •   violin
  나의 아버지는 화장실에 계셔.

2 I'd like to play the _____ .   •   •   bathroom
  나는 바이올린을 연주하고 싶어.

3 She has a _____ ring.   •   •   toy
  그녀는 예쁜 반지를 가지고 있어.

4 My friend and I are _____ .   •   •   different
  내 친구와 나는 달라.

5 I like collecting _____ cars.   •   •   pretty
  나는 장난감 자동차를 모으는 것을 좋아해.

C 우리말과 같은 뜻이 되도록 빈칸에 알맞은 단어를 보기에서 골라 쓰세요. ▶ 241032-0028

1 Can you ring the [   ] ?
초인종을 울려 줄 수 있니?

2 How about going [   ] ?
쇼핑 가는 게 어때?

3 Whose [   ] is this?
이것은 누구의 표니?

4 I'll buy a new [   ] . 나는 새 스카프를 살 거야.

5 Don't use the [   ] color. 같은 색깔을 사용하지 마.

보기
scarf
ticket
bell
same
shopping

D 우리말 뜻과 같도록 빈칸에 알맞은 단어를 보기에서 골라 쓰세요. ▶ 241032-0029

1 Pengsoo is going to sing a _____ .
펭수는 노래를 부를 거야.

2 I'm going to play the _____ s.
나는 드럼을 연주할 거야.

3 I'm going to play the _____ .
나는 피아노를 연주할 거야.

4 I'm going to play the _____ .
나는 기타를 연주할 거야.

보기
guitar   drum   song   piano

What Day Is It Today?

오늘은 무슨 요일이니?

calendar
달력

Tuesday **Thursday**
화요일   목요일

Monday **Wednesday** **Friday**
월요일   수요일   금요일

Sunday
일요일

Saturday
토요일

Sun	Mon	Tue	Wed	Thur	Fri	Sat
			1 축구	2	3	4
5	6	7	8	9	10	11
12	13 행사 참석	14 친구 만나기	15 촬영, 인터뷰	16 노래 연습, 공부	17 콘서트 팬미팅	18
19	20	21	22	23	24	25
26	27	28	29	30 소풍		

weekend
주말

week
주, 일주일

yesterday
어제

today
오늘

tomorrow
내일

12	13 행사 참석	14 친구 만나기	15 촬영, 인터뷰	16 노래 연습, 공부	17 콘서트 팬미팅	18

그림을 보면서 이야기를 읽고, 빈칸에 들어
갈 말을 써 보세요.

펭수의 달력을 보세요. 달력 속 오늘은 16일이
고, 셋째 주 **❶** 〔   〕 이네요. 펭수는
어제, 오늘, 내일 모두 일정이 있어요. 그래도
❷ 〔   〕 에는 계획이 없어서 쉴 수 있
겠네요.

busy
바쁜

Today, I'm busy.

정답 ❶ 수요일 ❷ 주말

단어를 들으며 세 번 따라 말하면서 네모에 체크(✔)하고,
두 번 써 보세요.

- calendar
- Monday
- Tuesday
- Wednesday
- Thursday
- Friday
- Saturday
- Sunday
- week
- weekend
- today
- tomorrow
- yesterday
- busy

영어 단어와 문장을 들으면서 따라 써 보고, 우리말 뜻도 써 보세요.

calendar

달력

Monday

요일은 첫 글자를 대문자로 써요.

월요일

Tuesday

화요일

Wednesday

Wednesday에서 d를
발음하지 않으니 유의하세요.

수요일

Thursday

목요일

Friday

금요일

Saturday

토요일

Sunday

일요일

week

day 날, month 달, year 년

주, 일주일

weekend

주말

today
오늘

tomorrow
내일

yesterday
어제

busy   ← free 한가한
바쁜

📖 Yuna stayed at home on Friday.
유나는 금요일에 집에 있었다.

💬 It is Monday today.
오늘은 월요일이야.

💬 I have plans for the weekend.
나는 주말에 계획이 있어.

DAY 06

A 들려주는 단어의 순서대로 번호를 쓰고, 빈칸에 단어를 쓰세요.   ▶ 241032-0030

   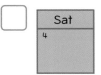

B 선을 연결하여 단어를 완성하고, 빈칸에 우리말 뜻을 쓰세요.   ▶ 241032-0031

1   Sun •   • end   ➡ _____

2   calen •   • day   ➡ _____

3   week •   • dar   ➡ _____

C 우리말 뜻에 맞게 퍼즐의 빈칸에 알맞은 단어를 쓰세요.   ▶ 241032-0032

가로

1   화요일

4   금요일

세로

2   월요일

3   바쁜

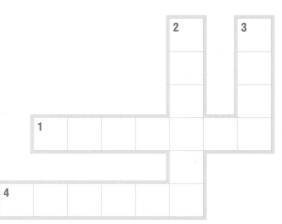

D 우리말과 같은 뜻이 되도록 빈칸에 알맞은 단어를 쓰세요.   ▶ 241032-0033

1 It is Sunday [ ]. 오늘은 일요일이야.

2 I have plans for next [ ]. 나는 다음 주에 계획이 있어.

3 She played baseball [ ]. 그녀는 어제 야구를 했어.

E 그림을 보고, 빈칸에 알맞은 말을 써서 문장을 완성하세요.   ▶ 241032-0034

1
What day is it _____?
내일은 무슨 요일이니?

It is Thursday.
목요일이야.

2
What did you do last
_____?
너는 지난 주말에 무엇을 했니?

I did my homework.
나는 숙제를 했어.

Let's Learn More   추가로 알아 두면 좋은 단어를 살펴봐요!

weekly vs. monthly

영어로 week는 주를, month는 달, 월을 나타내요. 이 단어 뒤에 -ly를 붙이면 weekly는 매주의, monthly는 한 달에 한 번의, 매월의라는 의미가 된답니다. 다음 빈칸에 알맞은 말을 써 보세요.

• They have a _____ meeting. 그들은 한 달에 한 번 회의가 있다.

• We enjoy our _____ movie day. 우리는 매주 영화 보는 날을 즐긴다.

What Day Is It Today? **45**

DAY 06

DAY 07

Let's Have Fun Together!

함께 즐거운 시간을 보내자!

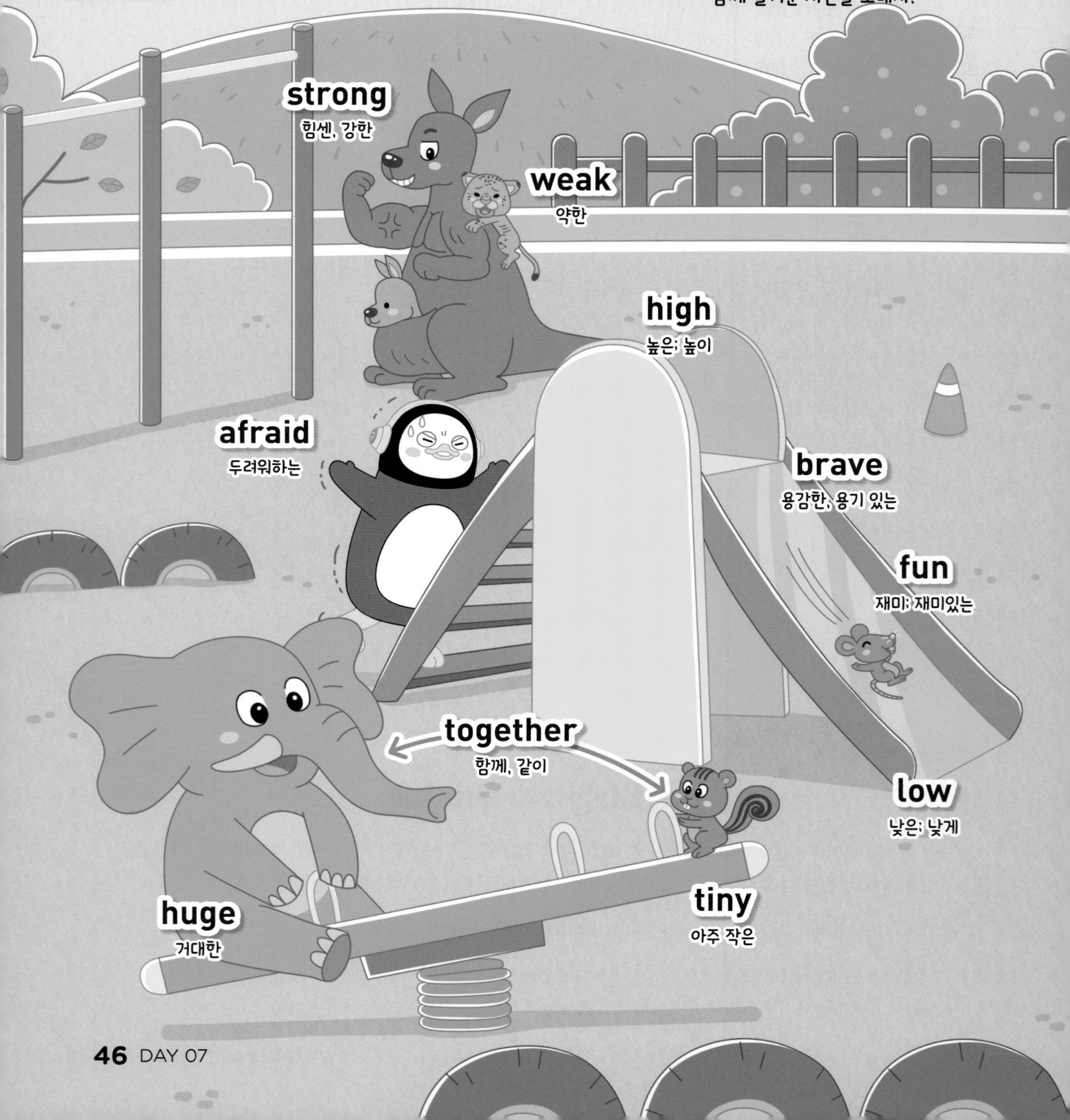
strong
힘센, 강한
weak
약한
high
높은; 높이
afraid
두려워하는
brave
용감한, 용기 있는
fun
재미; 재미있는
together
함께, 같이
low
낮은; 낮게
tiny
아주 작은
huge
거대한

그림을 보면서 이야기를 읽고, 빈칸에 들어갈 말을 써 보세요.

놀이터에서 펭수와 친구들이 신나게 놀고 있어요. 미끄럼틀에는 ❶ [   ] 생쥐와 겁먹은 펭수가 보이네요. 달리기 시합 중인 토끼와 거북이도 있어요. 그리고 ❷ [   ] 캥거루가 연약한 아기 사자와 아기 캥거루를 돌보고 있군요.

slow
느린

fast
빠른; 빠르게

easy
쉬운

difficult
어려운

정답 ❶ 용감한 ❷ 힘센

단어를 들으며 세 번 따라 말하면서 네모에 체크(✓)하고, 두 번 써 보세요.

☐☐ low

☐☐ high

☐☐ fast

☐☐ slow

☐☐ tiny

☐☐ huge

☐☐ brave

☐☐ afraid

☐☐ weak

☐☐ strong

☐☐ easy

☐☐ difficult

☐☐ fun

☐☐ together

Let's Handwrite

영어 단어와 문장을 들으면서 따라 써 보고, 우리말 뜻도 써 보세요.

> law 법, row 열, 줄,
> raw 날것의

low
낮은; 낮게

high
높은; 높이

> low, high, fast는 형용사와
> 부사의 의미로 둘 다 쓰여요.

fast
빠른; 빠르게

slow
느린

tiny
아주 작은

huge
거대한

brave
용감한, 용기 있는

afraid
두려워하는

weak
약한

strong
힘센, 강한

easy
쉬운

difficult
어려운

fun
재미; 재미있는

funny 우스운

together
함께, 같이

I'm good at running fast.
나는 빠르게 달리는 것을 잘해.

Look at the tiny pig there!
저기 아주 작은 돼지를 봐!

What about cooking together?
함께 요리하는 게 어때?

DAY 07

A 들려주는 단어의 순서대로 번호를 쓰고, 빈칸에 단어를 쓰세요.   ▶ 241032-0035

☐  ☐  ☐  ☐

_____ _____ _____ _____

B 다음 단어 퀴즈에서 철자를 바르게 고쳐 쓰세요.   ▶ 241032-0036

단어 퀴즈		바르게 고치기
1 느린	slou	
2 빠른; 빠르게	past	
3 쉬운	eazy	
4 함께, 같이	togather	

C 우리말 뜻에 맞는 단어를 찾아 동그라미 하고 빈칸에 쓰세요.   ▶ 241032-0037

가로
1 용감한, 용기 있는
2 두려워하는

세로
3 높은; 높이
4 낮은; 낮게

1 _____
2 _____
3 _____
4 _____

a	b	r	a	v	e	e
b	r	f	l	a	g	l
o	i	v	b	h	r	o
a	f	r	a	i	d	w
f	d	w	o	g	i	h
h	a	i	r	h	v	r

D 그림을 알맞게 표현한 문장에 체크(✔)하세요.　　　　　▶ 241032-0038

1
　　☐ Look at that weak man.
　　☐ Look at that strong man.

2
　　☐ What about watching a movie alone?
　　☐ What about watching a movie together?

E 우리말과 같은 뜻이 되도록 단어를 배열하여 문장을 완성하세요.　　　　　▶ 241032-0039

1 그녀는 높이 점프하는 것을 잘해.　　good, she, jumping, at, is, high

➡ _____

2 친구들과 즐거운 시간 보내!　　fun, your, have, friends, with

➡ _____

 Learn More　　추가로 알아 두면 좋은 단어를 살펴봐요!

more vs. less

놀이터에서 철봉 옆에 있는 힘센 캥거루와 연약한 사자를 보세요. 캥거루는 사자보다 **더 많은(more)** 근육을 가지고 있어요. 이와 반대로 **더 적은**이란 뜻의 영어 단어는 **less**랍니다. 다음 빈칸에 알맞은 말을 써 보세요.

• She wants to eat some _____ cake. 그녀는 조금 더 많은 케이크를 먹고 싶어 한다.

• He eats _____ sugar for his health. 그는 건강을 위해 더 적은 설탕을 먹는다.

DAY 07

You Should Get Some Rest

너는 휴식을 좀 취해야 해

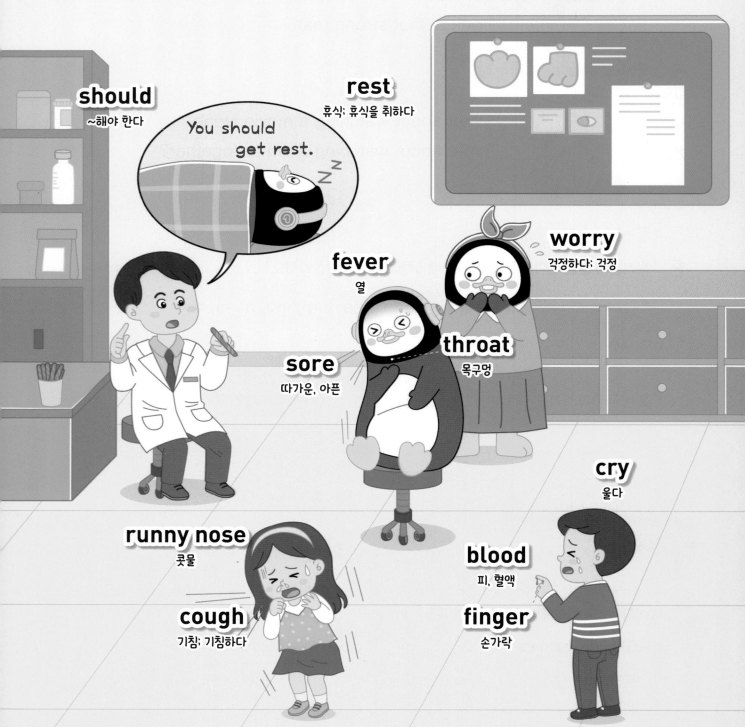

should
~해야 한다

You should get rest.

rest
휴식; 휴식을 취하다

worry
걱정하다; 걱정

fever
열

throat
목구멍

sore
따가운, 아픈

cry
울다

runny nose
콧물

blood
피, 혈액

cough
기침; 기침하다

finger
손가락

Step 1 | Let's Look & Think

그림을 보면서 이야기를 읽고, 빈칸에 들어갈 말을 써 보세요.

아프고 다친 펭수와 친구들이 병원에서 진료를 받거나 기다리고 있어요. 펭수는 열이 나고 ❶ [   ] 이 따가운 것 같아요. 의사 선생님은 심한 감기에 걸린 것 같다고 하면서 ❷ [   ] 을 취해야 한다고 말씀해 주셨어요. 우리 친구들 모두 아프지 말아요.

What's wrong?

wrong
잘못된, 틀린

headache
두통

stomachache
복통

정답 ❶ 목구멍 ❷ 휴식

Step 2 | Let's Listen & Speak

단어를 들으며 세 번 따라 말하면서 네모에 체크(✔)하고, 두 번 써 보세요.

- sore
- throat
- fever
- runny nose
- cough
- finger
- blood
- headache
- stomachache
- cry
- rest
- worry
- should
- wrong

영어 단어와 문장을 들으면서 따라 써 보고, 우리말 뜻도 써 보세요.

sore ....
따가운, 아픈

> have a sore throat
> 목이 따갑다

throat
목구멍

fever
열

runny nose
콧물

cough
기침; 기침하다

finger
손가락

blood .... bleed 피를 흘리다
피, 혈액

headache
두통

stomachache
복통

cry
울다

rest
휴식; 휴식을 취하다

get rest
휴식을 취하다

worry
걱정하다; 걱정

be worried about
~에 대해 걱정하다

should
~해야 한다

wrong
잘못된, 틀린

What's wrong?
무슨 일이야?

I have a runny nose.
나는 콧물이 나.

My mom is getting some rest.
나의 엄마는 휴식을 좀 취하는 중이셔.

You should get enough sleep.
너는 충분히 잠을 자야 해.

DAY 08

Step 4 — Let's Practice

A

들려주는 단어의 순서대로 번호를 쓰고, 빈칸에 단어를 쓰세요.

▶ 241032-0040

☐  ☐   ☐ 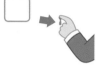 ☐

B

단어 카드에 적힌 우리말 뜻에 맞는 단어를 보기에서 찾아 쓰세요.

▶ 241032-0041

보기

sore   throat   runny nose   finger

1

목구멍

2

손가락

3

콧물

4

따가운, 아픈

C

나열된 철자의 순서를 바로잡아 질병과 관련된 단어를 완성하세요.

▶ 241032-0042

1 h o g u c _____

2 r e f e v _____

3 e d e a h a c h _____

D 우리말과 같은 뜻이 되도록 빈칸에 알맞은 단어를 쓰세요. 241032-0043

1 He is getting some _____. 그는 휴식을 좀 취하고 있어.

2 You _____ go home now. 너는 지금 집에 가야 해.

3 You have the _____ number. 전화를 잘못 거셨습니다.

E 그림을 보고, 빈칸에 알맞은 말을 써서 문장을 완성하세요. 241032-0044

1 What's wrong?
무슨 일이에요?

I have a sore _____.
저는 목구멍이 따가워요.

2 I have a _____.
나는 열이 있어.

I'm sorry to hear that.
그 말을 들으니 유감이야.

Let's Learn More 추가로 알아 두면 좋은 단어를 살펴봐요!

positive vs. negative

독감이 의심될 때 병원에서 검사를 받고, 검사 결과 독감이 맞으면 **양성**인 positive, 아니면 **음성**인 negative라고 해요. 이 밖에도 positive는 **긍정적인**, negative는 **부정적인**이라는 뜻도 있답니다. 다음 빈칸에 알맞은 말을 써 보세요.

• My brother is active and _____. 나의 형은 적극적이고 긍정적이다.

• The news was very _____. 그 소식은 매우 부정적이었다.

DAY 08

My School Life Is Exciting

나의 학교 생활은 흥미진진해

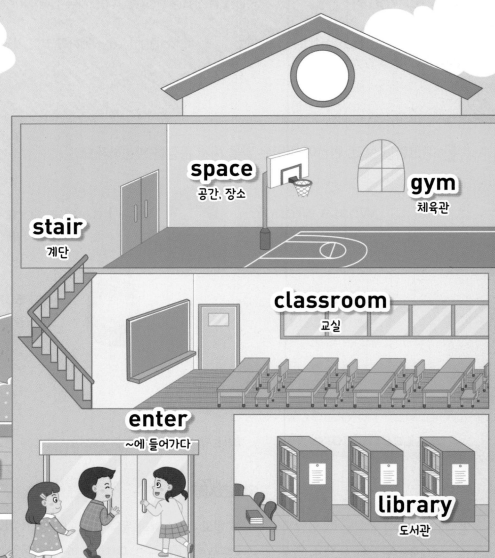

space
공간, 장소

gym
체육관

stair
계단

classroom
교실

gate
정문, 문

enter
~에 들어가다

exciting
신나는, 흥미진진한

library
도서관

playground
운동장

large
넓은, 큰

그림을 보면서 이야기를 읽고, 빈칸에 들어 갈 말을 써 보세요.

이곳은 펭수의 학교! 운동장에서 펭수와 친구 는 무슨 일인지 신이 나 있어요. 학교 건물 1층에는 ❶ _____ 과 구내식당이 있고, 2층에 교실과 보건실이 있어요. 3층 ❷ _____ 에는 농구 코트도 있어요.

court
코트

nurse's office
보건실

cafeteria
구내식당

❶ 도서관 ❷ 체육관

track
트랙, 경주로

단어를 들으며 세 번 따라 말하면서 네모에 체크(✔)하고, 두 번 써 보세요.

- [ ] [ ] gym
- [ ] [ ] library
- [ ] [ ] cafeteria
- [ ] [ ] classroom
- [ ] [ ] nurse's office
- [ ] [ ] playground
- [ ] [ ] court
- [ ] [ ] track
- [ ] [ ] gate
- [ ] [ ] stair
- [ ] [ ] space
- [ ] [ ] enter
- [ ] [ ] large
- [ ] [ ] exciting

영어 단어와 문장을 들으면서 따라 써 보고, 우리말 뜻도 써 보세요.

gym
> gym은 gymnasium의 줄임말이에요.

체육관

library

도서관

cafeteria

구내식당

classroom

교실

nurse's office

보건실

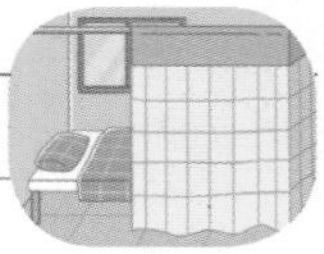

playground

운동장

court
> court는 '법정, 법원'이라는 뜻도 있어요.

코트

track

트랙, 경주로

gate

정문, 문

stair
> upstairs 위층, downstairs 아래층

계단

space
공간, 장소

enter
~에 들어가다

large
넓은, 큰

exciting
신나는, 흥미진진한

💬 **My classroom is on the third floor.**
내 교실은 3층에 있어.

📖 **Please enter the room.**
방에 들어가 주세요.

entrance 입구,
exit 출구

📖 **There is a large playground in her school.**
그녀의 학교에는 넓은 운동장이 있어.

DAY 09

Step 4 Let's Practice

A 들려주는 단어의 순서대로 번호를 쓰고, 빈칸에 단어를 쓰세요. ▶ 241032-0045

   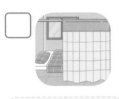

B 우리말 뜻에 맞는 단어가 되도록 철자의 순서를 바로잡아 단어를 완성하세요. ▶ 241032-0046

1 넓은, 큰   a l e g r   ➡ _____

2 코트   t o u r c   ➡ _____

3 운동장   g r a y p l o u n d   ➡ _____

C 우리말 뜻에 맞게 퍼즐의 빈칸에 알맞은 단어를 쓰세요. ▶ 241032-0047

가로
1 신나는, 흥미진진한
4 공간, 장소

세로
2 트랙, 경주로
3 정문, 문

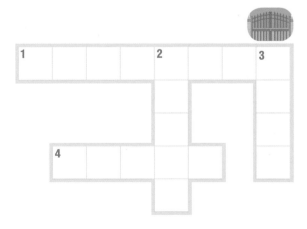

D 그림을 알맞게 표현한 문장에 체크(✔)하세요. ▶ 241032-0048

1

- ☐ Please take the stairs.
- ☐ Please take the elevator.

2

- ☐ There is a gym.
- ☐ There is a library.

E 우리말과 같은 뜻이 되도록 단어를 배열하여 문장을 완성하세요. ▶ 241032-0049

1 체육관은 2층에 있어요.   gym, on, the, is, floor, second, the

 _____

2 큰 구내식당이 있어요.   a, there, cafeteria, large, is

 _____

Let's **Learn More**   추가로 알아 두면 좋은 단어를 살펴봐요!

health vs. work out

체육관에서 운동한다고 말할 때 '헬스한다'라는 말을 들어 본 적이 있나요? 사실 영어에서 **health**는 **건강**이라는 뜻이고, **운동한다**고 표현하기 위해서는 **work out**이라고 말하는 것이 적절하답니다. 다음 빈칸에 알맞은 말을 써 보세요.

• _____ is the most important. 건강이 가장 중요하다.

• The kids will _____ at the gym. 그 아이들은 체육관에서 운동할 것이다.

DAY 09

Listen Carefully!

주의 깊게 들어!

rule
규칙

lesson
과, 수업

teach
가르치다

test
시험, 테스트

Test tomorrow!

question
질문

listen
듣다
carefully
주의 깊게

raise
올리다, 들다

homework
숙제, 과제

quiet
조용한, 고요한

그림을 보면서 이야기를 읽고, 빈칸에 들어
갈 말을 써 보세요.

수업 시간에 학생들은 ❶ [   ] 를
펼쳐 놓고 선생님 말씀에 귀를 기울이고 있어
요. 교실 앞쪽에 붙어 있는 ❷ [   ] 을
다들 잘 지키고 있지만, 안 그런 학생도 있는
것 같아요. 그런데 펭수가 손을 들었네요. 질문
이 있는 걸까요?

study
공부하다

hard
열심히; 어려운

textbook
교과서

restroom
화장실

정답 ❶ 교과서 ❷ 규칙

단어를 들으며 세 번 따라 말하면서 네모에 체크(✓)하고,
두 번 써 보세요.

- ☐☐ study
- ☐☐ listen
- ☐☐ carefully
- ☐☐ teach
- ☐☐ test
- ☐☐ lesson
- ☐☐ question
- ☐☐ textbook
- ☐☐ homework
- ☐☐ rule
- ☐☐ raise
- ☐☐ hard
- ☐☐ quiet
- ☐☐ restroom

Listen Carefully! **65**

영어 단어와 문장을 들으면서 따라 써 보고, 우리말 뜻도 써 보세요.

study
공부하다

listen
듣다
listen to ~을 듣다

carefully
주의 깊게

teach
가르치다

test
시험, 테스트
take a test 시험을 보다

lesson
과, 수업

question
질문

textbook
교과서

homework
숙제, 과제

rule
규칙

raise
raise는 동사로 '키우다'라는 뜻도 있어요.
(raise a cat 고양이를 키우다)

올리다, 들다

hard

열심히; 어려운

quiet
quite 꽤, 아주

조용한, 고요한

restroom

화장실

📖 We'll have a science test tomorrow.

우리는 내일 과학 시험이 있을 거야.

💬 Raise your hand, please.

손을 들어 주세요.

💬 May I go to the restroom?

제가 화장실에 가도 되나요?

DAY 10

A 들려주는 단어의 순서대로 번호를 쓰고, 빈칸에 단어를 쓰세요. ▶ 241032-0050

B 다음 단어 퀴즈에서 철자를 바르게 고쳐 쓰세요. ▶ 241032-0051

단어 퀴즈		바르게 고치기
1 주의 깊게	cerafuly	
2 질문	qesution	
3 화장실	lestroom	
4 숙제, 과제	homewalk	

C 우리말 뜻에 맞는 단어를 찾아 동그라미 하고 빈칸에 쓰세요. ▶ 241032-0052

가로
1 열심히; 어려운
2 과, 수업

세로
3 시험, 테스트
4 규칙

1
2
3
4

s	t	h	e	r	t	s
d	l	o	u	l	e	a
h	a	r	d	e	s	u
t	e	u	h	s	t	n
s	r	l	s	t	l	o
n	l	e	s	s	o	n

D 우리말과 같은 뜻이 되도록 빈칸에 알맞은 단어를 쓰세요.   ▶ 241032-0053

1 Be _____, please.   조용히 해 주세요.

2 Take out your _____, please.   교과서를 꺼내 주세요.

3 You will have math _____.   여러분은 수학 숙제가 있을 거예요.

E 그림을 보고, 빈칸에 알맞은 말을 써서 문장을 완성하세요.   ▶ 241032-0054

1
May I ask you a _____?
제가 질문을 하나 해도 되나요?

Sure. Go ahead.
물론이죠. 어서 하세요.

2
Listen _____ to your teacher.
선생님 말씀을 주의 깊게 들으렴.

Okay, I will.
네, 그럴게요.

Let's **Learn More**   추가로 알아 두면 좋은 단어를 살펴봐요!

nice vs. mean

우리는 교실에서 함께 공부하는 친구들과 잘 지내야 해요. 그러기 위해서 친구들에게 못되게 굴지 말고 잘 대해야 하겠지요. 영어로 nice는 **좋은, 착한**이라는 뜻이고, mean은 **못된, 심술궂은**이라는 뜻이에요. 다음 빈칸에 알맞은 말을 써 보세요.

• Be _____ to your friends. 친구들에게 잘[착하게] 대하세요.

• Don't be _____ to your friends. 친구들에게 못되게 굴지 마세요.

DAY 10

A 영어 단어에는 우리말 뜻을, 우리말 뜻에는 영어 단어를 쓰세요. ▶ 241032-0055

1	Monday	11	수요일
2	Tuesday	12	목요일
3	high	13	빠른; 빠르게
4	low	14	느린
5	finger	15	목구멍
6	cry	16	복통
7	stair	17	운동장
8	exciting	18	체육관
9	textbook	19	시험, 테스트
10	raise	20	가르치다

B 우리말과 같은 뜻이 되도록 빈칸에 알맞은 단어를 찾아 연결하세요. ▶ 241032-0056

1 It is Friday [   ] . •   • brave
오늘은 금요일이야.

2 I have a [   ] . •   • raise
나는 두통이 있어.

3 Please come to the [   ] . •   • headache
구내식당으로 오세요.

4 Please [   ] your hand. •   • today
손을 들어 주세요.

5 Look at that [   ] girl. •   • cafeteria
저 용감한 소녀를 봐.

우리말과 같은 뜻이 되도록 빈칸에 알맞은 단어를 보기에서 골라 쓰세요. ▶ 241032-0057

1 I was at home _____ .
나는 어제 집에 있었어.

2 He has a _____ .
그는 열이 있어.

3 The _____ is on the second floor.
도서관은 2층에 있어.

4 Yuna is exercising _____ . 유나는 열심히 운동을 하고 있어.

5 What about doing homework _____ ? 함께 숙제하는 게 어때?

보기
fever
hard
yesterday
together
library

D 우리말 뜻과 같도록 빈칸에 알맞은 단어를 보기에서 골라 쓰세요. ▶ 241032-0058

1 We'll have a test
_____ .
우리는 내일 시험이 있을 거야.

2 We should listen
_____ to the teacher.
우리는 선생님 말씀을 주의 깊게 들어야 해.

3 May I go to the
_____ ?
저 보건실에 가도 될까요?

4 I'm good at solving
_____ math problems.
나는 어려운 수학 문제 푸는 것을 잘해.

보기
carefully   difficult   tomorrow   nurse's office

71

How Can I Get to the Flower Shop?

제가 꽃 가게에 어떻게 갈 수 있나요?

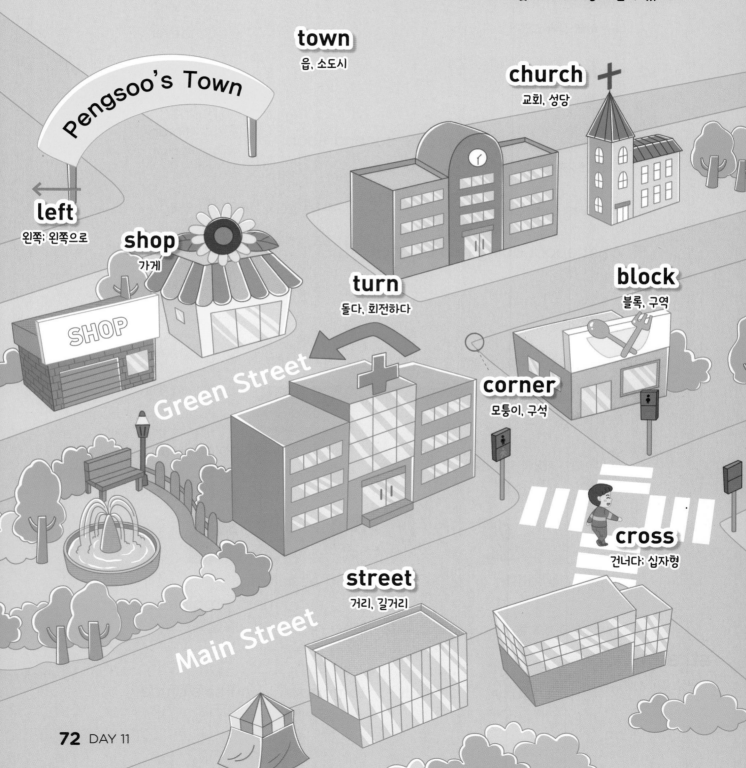

Pengsoo's Town

town
읍, 소도시

church
교회, 성당

left
왼쪽; 왼쪽으로

shop
가게

SHOP

turn
돌다, 회전하다

block
블록, 구역

Green Street

corner
모퉁이, 구석

cross
건너다; 십자형

street
거리, 길거리

Main Street

그림을 보면서 이야기를 읽고, 빈칸에 들어
갈 말을 써 보세요.

부모님께 선물할 꽃을 사러 가려는 펭수는 꽃
❶   를 찾아가야 해요. 그곳은 지
금 있는 위치에서 두 블록을 곧장 간 후, 모퉁
이에서 왼쪽으로 돌면 **❷**   에 있
다고 해요. 펭수와 함께 길을 찾아봐요!

post office
우체국

right
오른쪽; 오른쪽으로

station
역

how
어떻게, 얼마나

straight
곧장, 똑바로

정답 ❶ 가게 ❷ 오른쪽

단어를 들으며 세 번 따라 말하면서 네모에 체크(✓)하고,
두 번 써 보세요.

- ☐☐ how
- ☐☐ turn
- ☐☐ left
- ☐☐ right
- ☐☐ cross
- ☐☐ street
- ☐☐ block
- ☐☐ corner
- ☐☐ straight
- ☐☐ town
- ☐☐ shop
- ☐☐ station
- ☐☐ church
- ☐☐ post office

Step 3 Let's Handwrite

영어 단어와 문장을 들으면서 따라 써 보고, 우리말 뜻도 써 보세요.

how

어떻게, 얼마나

turn

돌다, 회전하다

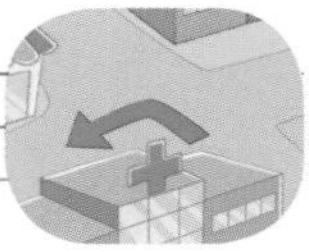

left

왼쪽; 왼쪽으로

right는 형용사로 '옳은',
부사로 '바로'라는 뜻도 있어요.

right

오른쪽; 오른쪽으로

across 건너서, 가로질러

cross

건너다; 십자형

street

거리, 길거리

block

블록, 구역

corner

모퉁이, 구석

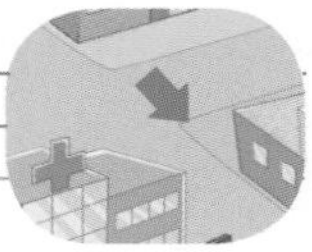

straight

곧장, 똑바로

village 마을

town

읍, 소도시

74 DAY 11

shop
가게

fire station 소방서,
police station 경찰서

station
역

church
교회, 성당

post office
우체국

📖 Turn right at the corner.
모퉁이에서 오른쪽으로 돌아.

💬 Go straight two blocks from here.
여기에서 두 블록을 곧장 가.

💬 How can I get to the shop?
제가 그 가게에 어떻게 갈 수 있나요?

A 들려주는 단어의 순서대로 번호를 쓰고, 빈칸에 단어를 쓰세요.

241032-0059

☐ 　　☐ 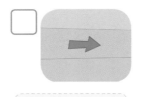　　☐ 　　☐

B 선을 연결하여 단어를 완성하고, 빈칸에 우리말 뜻을 쓰세요.

241032-0060

1 　 chur 　 • 　 • 　 ch 　 ➡ _____

2 　 cro 　 • 　 • 　 ght 　 ➡ _____

3 　 strai 　 • 　 • 　 ss 　 ➡ _____

C 우리말 뜻에 맞게 퍼즐의 빈칸에 알맞은 단어를 쓰세요.

241032-0061

가로

1 거리, 길거리

4 모퉁이, 구석

세로

2 읍, 소도시

3 어떻게, 얼마나

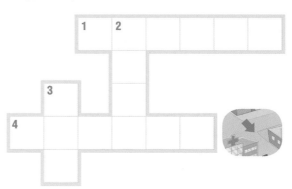

DAY 11

D 우리말과 같은 뜻이 되도록 빈칸에 알맞은 단어를 쓰세요.　　　▶ 241032-0062

1 _____ left at the corner.　모퉁이에서 왼쪽으로 도세요.

2 Go straight one _____ from here.　여기에서 한 블록 곧장 가세요.

3 How can I get to the fire _____?　제가 소방서에 어떻게 갈 수 있나요?

E 그림을 보고, 빈칸에 알맞은 말을 써서 문장을 완성하세요.　　　▶ 241032-0063

1
How can I get to the _____ ?

제가 우체국에 어떻게 갈 수 있나요?

Go straight to Green Street.

Green Street까지 곧장 가세요.

2
Where is the police station?

경찰서는 어디에 있나요?

Go straight and turn right at the _____ .

곧장 가서 교회에서 오른쪽으로 도세요.

Let's **Learn More**　　추가로 알아 두면 좋은 단어를 살펴봐요!

village vs. city

펭수의 마을 지도를 보니 펭수는 **소도시(town)**에 살고 있네요. town보다 더 좁은 의미의 **마을**을 나타내는 단어는 **village**이고, town보다 더 넓은 의미의 **도시**를 나타내는 단어는 **city**입니다. 다음 빈칸에 알맞은 말을 써 보세요.

• Do you live in a big _____ ? 너는 큰 도시에 사니?

• I visited a small _____ in Jeju-do. 나는 제주도에 있는 작은 마을을 방문했다.

What Items Do You Have at Home?

너의 집에는 어떤 물건들이 있니?

Step 1 Let's Look & Think

그림을 보면서 이야기를 읽고, 빈칸에 들어갈 말을 써 보세요.

오늘은 펭수 가족의 일상을 엿볼까 해요. 펭수는 TV를 켜고 있어요. 더운 날씨에 ❶ [   ] 는 필수죠! 펭수 동생은 노트북 컴퓨터로 숙제를 하고 있고, 아빠는 ❷ [   ] 으로 통화를 하고 계시네요. 우리들이 사용하는 물건들의 종류는 참 많은 것 같아요.

computer
컴퓨터

smartphone
스마트폰

radio
라디오

turn off
~을 끄다

have
있다, 가지다

camera
카메라, 사진기

item
물건, 물품

laptop
노트북 컴퓨터

useful
유용한, 쓸모 있는

printer
프린터, 인쇄기

home
집, 가정

television
텔레비전

turn on
~을 켜다

fan
선풍기, 환풍기

① 선풍기 ② 스탠드형 ⑥

단어를 들으며 세 번 따라 말하면서 네모에 체크(✓)하고,
두 번 써 보세요.

- ☐☐ fan
- ☐☐ radio
- ☐☐ camera
- ☐☐ printer
- ☐☐ laptop
- ☐☐ computer
- ☐☐ television
- ☐☐ smartphone
- ☐☐ useful
- ☐☐ item
- ☐☐ home
- ☐☐ have
- ☐☐ turn on
- ☐☐ turn off

Step 3 Let's Handwrite

영어 단어와 문장을 들으면서 따라 써 보고, 우리말 뜻도 써 보세요.

fan은 '(가수 등의) 팬'이라는
뜻도 있어요.

fan
선풍기, 환풍기

radio
라디오

camera
카메라, 사진기

printer
프린터, 인쇄기

notebook 공책

laptop
노트북 컴퓨터

computer
컴퓨터

television
텔레비전

smartphone
스마트폰

use 사용하다

useful
유용한, 쓸모 있는

item
물건, 물품

home
집, 가정

have
있다, 가지다

have는 동사로 '먹다'라는 뜻도 있어요.

DAY 12

turn on
~을 켜다

turn off
~을 끄다

💬 Can I turn off the fan?
내가 선풍기를 꺼도 될까?

💬 Did you fix the camera?
너는 카메라를 수리했니?

📖 Smartphones are very useful.
스마트폰은 매우 유용해.

A 들려주는 단어의 순서대로 번호를 쓰고, 빈칸에 단어를 쓰세요.　▶ 241032-0064

B 그림을 보고, 각 그림에 해당하는 단어를 쓰세요.　▶ 241032-0065

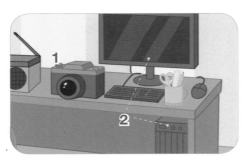

1

2

3

4

C 우리말 뜻에 맞는 단어를 찾아 동그라미 하고 빈칸에 쓰세요.　▶ 241032-0066

가로	세로
1 집, 가정	3 있다, 가지다
2 유용한, 쓸모 있는	4 물건, 물품

1

2

3

4

u	s	h	v	t	l	i
h	i	u	e	u	a	t
a	s	h	o	m	e	e
v	a	e	e	l	f	m
e	h	f	v	m	t	v
h	u	s	e	f	u	l

D 그림을 알맞게 표현한 문장에 체크(✔)하세요.   241032-0067

1

- ☐ Can I use your printer?
- ☐ Can I use your camera?

2

- ☐ Computers are very useful.
- ☐ Computers are very harmful.

E 우리말과 같은 뜻이 되도록 단어를 배열하여 문장을 완성하세요.   241032-0068

1 제가 텔레비전을 켜도 되나요?   I, turn on, television, can, the

➡ _____

2 너는 불을 껐니?   the, did, turn off, you, lights

➡ _____

Let's Learn More 추가로 알아 두면 좋은 단어를 살펴봐요!

refrigerator vs. fridge

펭수의 집에 유용한 물건들이 정말 많이 있네요. 집에 있는 물건들 중 우리가 매일 사용하는 **냉장고**는 영어로 refrigerator라고 한답니다. 단어의 길이가 꽤 길죠? 그래서 이 단어를 fridge로 줄여서 말하기도 해요. 다음 빈칸에 알맞은 말을 써 보세요.

• I need to buy a new _____ / _____. 나는 새 냉장고를 살 필요가 있다.

What Do You Want to Be in the Future?

너는 미래에 무엇이 되고 싶니?

musician
음악가

writer
작가

chef
요리사

baker
제빵사

pilot
조종사, 비행사

many
많은

dentist
치과 의사

artist
화가, 예술가

dancer
무용수, 댄서

dream
꿈; 꿈을 꾸다

My dream job!

그림을 보면서 이야기를 읽고, 빈칸에 들어갈 말을 써 보세요.

펭수는 오늘 ❶ [　　　　] 체험장으로 현장 학습을 왔어요. 요리사, 조종사, 화가, 작가, 제빵사, 무용수, 치과 의사, 그리고 음악가까지! 체험해 볼 수 있는 직업들이 다양하게 있어요. 꿈꾸는 직업이 많은 펭수는 과연 ❷ [　　　　] 에 어떤 직업을 갖게 될까요?

future
미래

I want to become a dancer.

want
원하다

become
~이 되다

Jobs

job
직업

단어를 들으며 세 번 따라 말하면서 네모에 체크(✔)하고, 두 번 써 보세요.

☐☐ job

☐☐ chef

☐☐ pilot

☐☐ artist

☐☐ writer

☐☐ baker

☐☐ dancer

☐☐ dentist

☐☐ musician

☐☐ future

☐☐ dream

☐☐ many

☐☐ want

☐☐ become

영어 단어와 문장을 들으면서 따라 써 보고, 우리말 뜻도 써 보세요.

job

직업

chef

요리사

cook 요리사

pilot

조종사, 비행사

artist

화가, 예술가

writer

작가

write 쓰다

baker

제빵사

dancer

무용수, 댄서

dentist

치과 의사

musician

음악가

future

미래

past 과거,
present 현재

dream
꿈; 꿈을 꾸다

many
많은

want
원하다

become
~이 되다

Peter wants to be a dentist.
Peter는 치과 의사가 되기를 원해.

Many people are exercising now.
많은 사람이 지금 운동하고 있어.

I'll become a famous singer.
나는 유명한 가수가 될 거야.

DAY 13

A 들려주는 단어의 순서대로 번호를 쓰고, 빈칸에 단어를 쓰세요.   ▶ 241032-0069

B 단어 카드에 적힌 우리말 뜻에 맞는 단어를 보기에서 찾아 쓰세요. ▶ 241032-0070

보기
job   future   many   become

1
미래

2
많은

3
직업

4
~이 되다

C 나열된 철자의 순서를 바로잡아 직업과 관련된 단어를 완성하세요. ▶ 241032-0071

1 i l p t o _____

2 r i w r e t _____

3 r e c n d a _____

4 c n m s u i i a _____

D 우리말과 같은 뜻이 되도록 빈칸에 알맞은 단어를 쓰세요. ▶ 241032-0072

1 I will _____ a pilot. 저는 조종사가 될 거예요.

2 We are talking about our _____ jobs.

우리는 우리의 꿈의 직업에 대해 이야기하고 있어요.

3 I _____ to be a vet in the future. 저는 미래에 수의사가 되기를 원해요.

E 그림을 보고, 빈칸에 알맞은 말을 써서 문장을 완성하세요. ▶ 241032-0073

1

What are you doing?
너는 무엇을 하는 중이니?

I'm reading a book about _____ jobs.
나는 미래 직업에 관한 책을 읽고 있어.

2

What do you want to be?
당신은 무엇이 되고 싶나요?

I want to be a _____.
저는 제빵사가 되고 싶어요.

Let's **Learn More** 추가로 알아 두면 좋은 단어를 살펴봐요!

actor vs. actress

펭수가 간 직업 체험장에 다양한 직업이 있었어요. 펭수가 체험하지 않은 직업 중 **배우**는 영어로 무엇일까요? 배우는 성별에 따라 단어를 구분해서 사용하기도 하는데요. **남자 배우**는 actor, **여자 배우**는 actress 라고 합니다. 다음 빈칸에 알맞은 말을 써 보세요.

• My mother is an _____. 나의 엄마는 배우이시다.

• That man is a popular _____ in Korea. 저 남자는 한국에서 인기 있는 배우이다.

DAY 14 My Favorite Season Is Winter

내가 가장 좋아하는 계절은 겨울이야

Step 1 Let's Look & Think

그림을 보면서 이야기를 읽고, 빈칸에 들어갈 말을 써 보세요.

남극 출신인 펭수는 겨울을 가장 좋아해요. 하지만 다른 계절들도 재미있게 보낸답니다. 따뜻한 봄에는 공원으로 소풍을 가고, ❶ [   ] 에는 해변으로 여행을 떠나죠. 선선한 가을에는 캠핑도 가요. 여러분은 어느 ❷ [   ] 을 가장 좋아하나요?

warm
따뜻한, 따스한

spring
봄

Four seasons

season
계절, 시기

picnic
소풍

trip
여행

beach
해변

summer
여름

fall **autumn**
가을: 떨어지다   가을(영국식)

cool
시원한, 선선한, 멋진

thank
감사하다

winter
겨울

snowman
눈사람

favorite
가장 좋아하는

단어를 들으며 세 번 따라 말하면서 네모에 체크(✓)하고,
두 번 써 보세요.

- season
- spring
- summer
- fall
- autumn
- winter
- warm
- cool
- favorite
- trip
- picnic
- beach
- thank
- snowman

영어 단어와 문장을 들으면서 따라 써 보고, 우리말 뜻도 써 보세요.

season

계절, 시기

spring

봄

summer

여름

> fall은 미국 영어에서, autumn은 영국 영어에서 주로 사용해요.

fall

가을; 떨어지다

autumn

가을(영국식)

winter

겨울

> hot 뜨거운, cold 차가운

warm

따뜻한, 따스한

cool

시원한, 선선한, 멋진

favorite

가장 좋아하는

> take a trip 여행하다

trip

여행

picnic

소풍

beach

해변

thank

감사하다

snowman

복수형: snowmen

눈사람

💬 **What is your favorite season?**

네가 가장 좋아하는 계절은 무엇이니?

📖 **It is very hot in summer.**

여름은 매우 더워.

💬 **Why don't we build a snowman?**

우리 눈사람을 만드는 게 어때?

A 들려주는 단어의 순서대로 번호를 쓰고, 빈칸에 단어를 쓰세요.

241032-0074

☐    ☐    ☐    ☐

B 우리말 뜻에 맞도록 철자의 순서를 바로잡아 단어를 완성하세요.
241032-0075

1 따뜻한, 따스한   m a w r   ➡ _____

2 해변   c h a b e   ➡ _____

3 눈사람   m o w n a n s ➡ _____

C 우리말 뜻에 맞게 퍼즐의 빈칸에 알맞은 단어를 쓰세요.
241032-0076

가로
1 가을(영국식)
4 소풍

세로
2 계절, 시기
3 감사하다

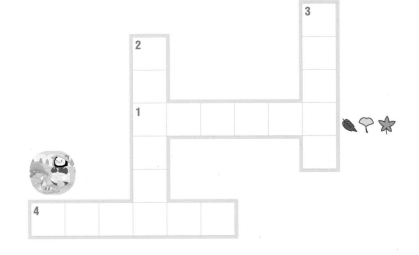

D 그림을 알맞게 표현한 문장에 체크(✔)하세요. ▶ 241032-0077

1

☐ It is very warm in spring.
☐ It is very cool in fall.

2

☐ Why don't we go to the beach?
☐ Why don't we go to the mountain?

E 우리말과 같은 뜻이 되도록 단어를 배열하여 문장을 완성하세요. ▶ 241032-0078

1 우리 부산으로 여행가는 게 어때?   why, to, a, we, take, trip, don't, Busan

_____

2 네가 가장 좋아하는 동물은 무엇이니?   favorite, your, what, animal, is

_____

DAY 14

Let's Learn More   추가로 알아 두면 좋은 단어를 살펴봐요!

vacation vs. holiday

펭수가 가장 좋아하는 계절은 겨울이죠? 여러분은 어느 계절을 가장 좋아하나요? 방학이 있는 계절인가요, 긴 공휴일이 있는 계절인가요? 미국 영어에서는 **방학**을 vacation, **휴일**을 holiday라고 한답니다. 다음 빈칸에 알맞은 말을 써 보세요.

• How was your _____? 당신의 휴일은 어땠나요?

• I will travel to Jeju-do this winter _____.
나는 이번 겨울 방학에 제주도를 여행할 것이다.

Let's Travel Around the World!

세계 여행하자!

map
지도

world
세계

west
서쪽; 서쪽의

country
나라, 국가, 시골

east
동쪽; 동쪽의

travel
여행하다; 여행

memory
추억, 기억

Spain 스페인

U.K. 영국

culture
문화

China 중국

그림을 보면서 이야기를 읽고, 빈칸에 들어갈 말을 써 보세요.

우주 대스타답게 세계 여러 나라를 여행했던 펭수는 ❶ [   ] 에 붙은 여행 사진을 보며 추억에 잠겨 있어요. 여러 나라를 방문해 그들의 ❷ [   ] 를 체험하고 있는 즐거운 펭수의 모습이 보여요. 펭수처럼 세계 여행을 하는 우리의 모습도 상상해 보아요!

U.S.A. 미국

in Jeonju

Korea 한국

city 도시

정답 ❶맵북 ❷메뉴어

단어를 들으며 세 번 따라 말하면서 네모에 체크(✓)하고, 두 번 써 보세요.

☐☐ country

☐☐ Korea

☐☐ U.K.

☐☐ Spain

☐☐ U.S.A.

☐☐ China

☐☐ map

☐☐ travel

☐☐ city

☐☐ world

☐☐ culture

☐☐ memory

☐☐ west

☐☐ east

Let's Travel Around the World! **97**

영어 단어와 문장을 들으면서 따라 써 보고, 우리말 뜻도 써 보세요.

country
나라, 국가, 시골

Korea
한국

U.K.
영국

the U.K. = the United Kingdom

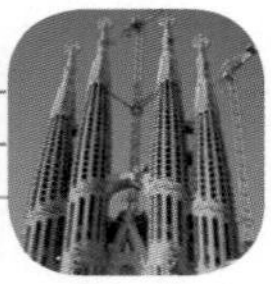

Spain
스페인

U.S.A.
미국

the U.S.A. = the United States of America

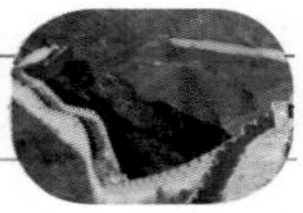

China
중국

map
지도

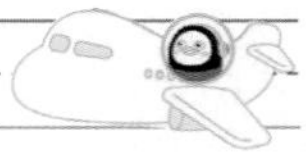

travel
여행하다; 여행

city
도시

around the world
세계 곳곳에, 전 세계에

world
세계

culture
문화

memory
추억, 기억

west
서쪽; 서쪽의

north 북쪽, south 남쪽

east
동쪽; 동쪽의

I am not from Korea.
나는 한국 출신이 아니야.

Judy enjoys visiting new countries.
Judy는 새로운 나라들을 방문하는 것을 즐겨.

We need to learn about different cultures.
우리는 다른 문화에 대해 배울 필요가 있어.

DAY 15

A 들려주는 단어의 순서대로 번호를 쓰고, 빈칸에 단어를 쓰세요.   ▶ 241032-0079

☐    ☐    ☐ 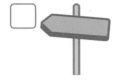   ☐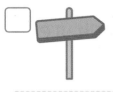

B 다음 단어 퀴즈에서 철자를 바르게 고쳐 쓰세요.   ▶ 241032-0080

단어 퀴즈		바르게 고치기
1 세계	word	
2 문화	cultur	
3 나라, 국가, 시골	contury	
4 추억, 기억	memori	

C 우리말 뜻에 맞는 단어를 찾아 동그라미 하고 빈칸에 쓰세요.   ▶ 241032-0081

가로
1 미국
2 중국

세로
3 영국
4 한국

1
2
3
4

P	K	S	I	U	A	K
C	A	U	S	A	S	O
N	U	A	H	U	N	R
A	K	N	S	P	C	E
N	S	H	P	I	A	A
C	H	I	N	A	U	I

D 우리말과 같은 뜻이 되도록 빈칸에 알맞은 단어를 쓰세요.   ▶ 241032-0082

1 We need to bring a _____ . 우리는 지도를 가져올 필요가 있어.

2 Jenny enjoyed visiting _____ . Jenny는 한국을 방문한 것을 즐겼어.

3 Alex is from a big _____ in the U.S.A. Alex는 미국의 큰 도시 출신이야.

E 그림을 보고, 빈칸에 알맞은 말을 써서 문장을 완성하세요.   ▶ 241032-0083

1
> **Where are you from?**
> 당신은 어디 출신인가요?

> **I am from _____ .**
> 저는 스페인 출신이에요.

2
> **How was your holiday?**
> 네 휴일은 어땠어?

> **Good. I enjoyed visiting _____ .**
> 좋았어. 나는 중국을 방문한 것을 즐겼어.

Let's Learn More   추가로 알아 두면 좋은 단어를 살펴봐요!

national vs. international

펭수는 한국뿐만 아니라 국제적으로도 활발히 돌아다니고 있네요. nation은 **국가, 나라**를 뜻하는데요. national은 **국가의, 전국적인**이라는 뜻이고, international은 **국제적인**이라는 뜻의 단어예요. 다음 빈칸에 알맞은 말을 써 보세요.

• My friend is an _____ student. 내 친구는 국제 학생이다.

• We visited a _____ park last weekend. 우리는 지난 주말에 국립 공원을 방문했다.

Let's Travel Around the World! **101**

A 영어 단어에는 우리말 뜻을, 우리말 뜻에는 영어 단어를 쓰세요.　● 241032-0084

1	turn	_____	11	거리, 길거리	_____
2	straight	_____	12	블록, 구역	_____
3	laptop	_____	13	선풍기, 환풍기	_____
4	item	_____	14	라디오	_____
5	chef	_____	15	치과 의사	_____
6	writer	_____	16	음악가	_____
7	autumn	_____	17	봄	_____
8	winter	_____	18	여름	_____
9	city	_____	19	서쪽; 서쪽의	_____
10	country	_____	20	동쪽; 동쪽의	_____

B 우리말과 같은 뜻이 되도록 빈칸에 알맞은 단어를 찾아 연결하세요.　● 241032-0085

1 Turn left at the _____ .　　　•　　•　baker
그 가게에서 왼쪽으로 돌아.

2 Is this item _____ ?　　　•　　•　picnic
이 물건은 쓸모가 있니?

3 I'll become a _____ .　　　•　　•　useful
나는 제빵사가 될 거야.

4 Why don't we go on a _____ ?　•　　•　Spain
우리 소풍가는 게 어때?

5 My friend is from _____ .　　•　　•　shop
내 친구는 스페인 출신이야.

C 우리말과 같은 뜻이 되도록 빈칸에 알맞은 단어를 보기에서 골라 쓰세요. ▶ 241032-0086

1 How can I get to the train _____ ?

제가 기차역에 어떻게 갈 수 있나요?

2 Can you _____ the TV?

TV를 꺼 주시겠어요?

3 Why do you _____ to become a singer?

너는 왜 가수가 되고 싶니?

4 I go to the _____ every summer.

나는 매년 여름에 해변에 가.

5 I enjoy traveling around the _____ .

나는 전 세계를 여행하는 것을 즐겨.

> 보기
> beach
> station
> world
> want
> turn off

D 우리말 뜻과 같도록 빈칸에 알맞은 단어를 보기에서 골라 쓰세요. ▶ 241032-0087

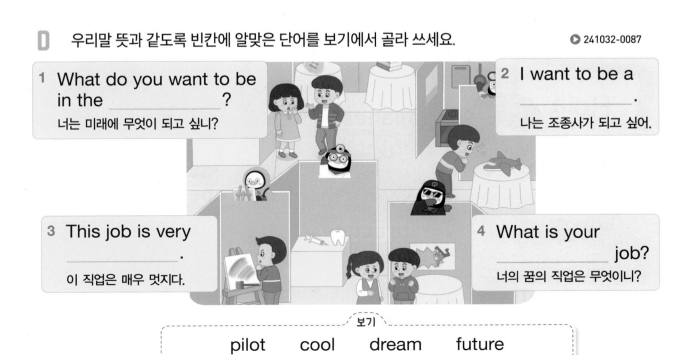

1 What do you want to be in the _____ ?

너는 미래에 무엇이 되고 싶니?

2 I want to be a _____ .

나는 조종사가 되고 싶어.

3 This job is very _____ .

이 직업은 매우 멋지다.

4 What is your _____ job?

너의 꿈의 직업은 무엇이니?

> 보기
> pilot   cool   dream   future

103

I Want to Learn Italian

나는 이탈리아어를 배우고 싶어

foreign
외국의

language
언어

French
프랑스어; 프랑스의

Bonjour

learn
배우다

Salve

Salve

speak
말하다

Italian
이탈리아어; 이탈리아의

German
독일어; 독일의

Hallo

こんにちは

Hola

Spanish
스페인어; 스페인의

Japanese
일본어; 일본의

repeat
반복하다

practice
연습하다; 연습

understand
이해하다, 알다

Step 1 | Let's Look & Think

그림을 보면서 이야기를 읽고, 빈칸에 들어 갈 말을 써 보세요.

평소에 세계 여러 나라의 **❶** _____ 에 관심이 많은 펭수와 친구들은 도서관에서 여러 나라의 인사말을 찾아보고 있어요. 펭수는 **❷** _____ 책을 보고 있네요. '안녕하세요.'를 다양한 언어로 어떻게 말하는지 우리도 찾아봐요.

Be quiet, please.

Chinese
중국어; 중국의

你好

word
단어, 낱말

정답 ❶ 언어 ❷ 중국어

Step 2 | Let's Listen & Speak

단어를 들으며 세 번 따라 말하면서 네모에 체크(✔)하고, 두 번 써 보세요.

- language
- word
- French
- German
- Chinese
- Japanese
- Italian
- Spanish
- foreign
- learn
- speak
- repeat
- practice
- understand

I Want to Learn Italian **105**

영어 단어와 문장을 들으면서 따라 써 보고, 우리말 뜻도 써 보세요.

language

언어

word

단어, 낱말

French

프랑스어; 프랑스의

> 프랑스 국기는 French flag라고 해요.

German

독일어; 독일의

Chinese

중국어; 중국의

> 중국 문화는 Chinese culture라고 해요.

Japanese

일본어; 일본의

Italian

이탈리아어; 이탈리아의

> 이탈리아 음식은 Italian food라고 해요.

Spanish

스페인어; 스페인의

> 스페인 음악은 Spanish music이라고 해요.

foreign

외국의

> 외국어는 foreign language라고 해요.

learn

배우다

> study(공부하다)도 같이 알아 두세요.

speak

말하다

repeat

반복하다

practice ····· 영국에서는 practise로 쓴답니다.

연습하다; 연습

understand

이해하다, 알다

💬 **I can speak Chinese.**

나는 중국어를 말할 수 있어.

📖 **I want to learn many things here.**

나는 여기에서 많은 것을 배우고 싶어.

💬 **You should practice more.** ····· should ~해야 한다

너는 더 연습해야 해.

DAY 16

A 들려주는 단어의 순서대로 번호를 쓰고, 빈칸에 단어를 쓰세요.

▶ 241032-0088

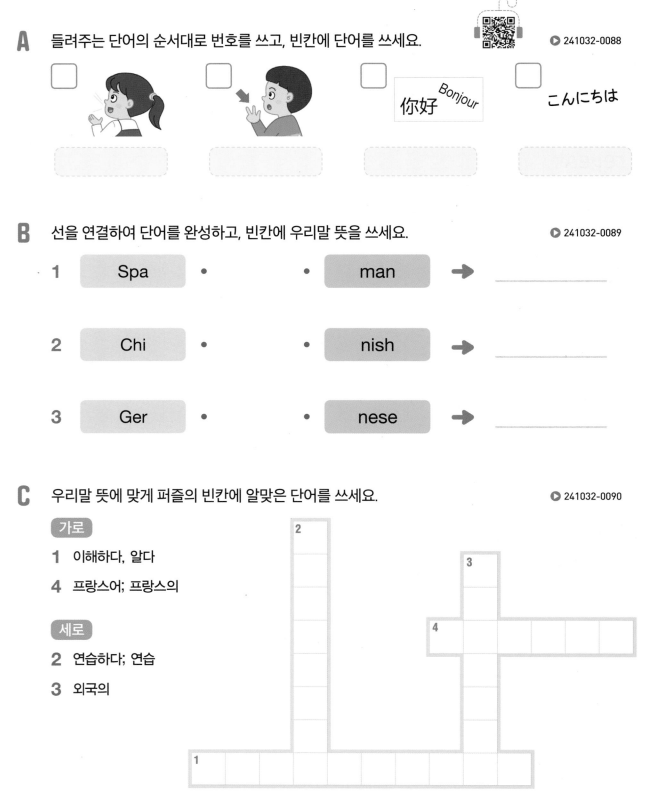

你好 Bonjour

こんにちは

B 선을 연결하여 단어를 완성하고, 빈칸에 우리말 뜻을 쓰세요.

▶ 241032-0089

1 Spa • • man → _____

2 Chi • • nish → _____

3 Ger • • nese → _____

C 우리말 뜻에 맞게 퍼즐의 빈칸에 알맞은 단어를 쓰세요.

▶ 241032-0090

가로

1 이해하다, 알다

4 프랑스어; 프랑스의

세로

2 연습하다; 연습

3 외국의

D 우리말과 같은 뜻이 되도록 빈칸에 알맞은 단어를 쓰세요.　　　▶ 241032-0091

1 I can speak _____ . 나는 이탈리아어를 말할 수 있어.

2 Can you _____ French?　너는 프랑스어를 말할 수 있니?

3 I want to learn new _____ s.　나는 새로운 단어를 배우고 싶어.

E 그림을 보고, 빈칸에 알맞은 말을 써서 문장을 완성하세요.　　　▶ 241032-0092

1

I want to _____ Japanese.
나는 일본어를 배우고 싶어.

2

I should _____ more.
나는 더 연습해야 해.

Let's **Learn More**　　추가로 알아 두면 좋은 단어를 살펴봐요!

always vs. usually

펭수가 항상 하는 것은 식사 전 손 씻기예요. 감기를 예방할 수 있는 아주 좋은 습관이지요? 시간이 나면 주로 하는 것은 책 읽기예요. **항상**을 뜻하는 단어는 **always**, **주로** 또는 **보통**을 뜻하는 단어는 **usually**입니다. 다음 빈칸에 알맞은 말을 써 보세요.

• I _____ wash my hands before meals. 나는 식사 전에 항상 내 손을 씻는다.

• I _____ read books in my free time. 나는 자유 시간에 주로 책을 읽는다.

DAY 16

DAY 17

I'll Have Spaghetti

난 스파게티를 먹을래

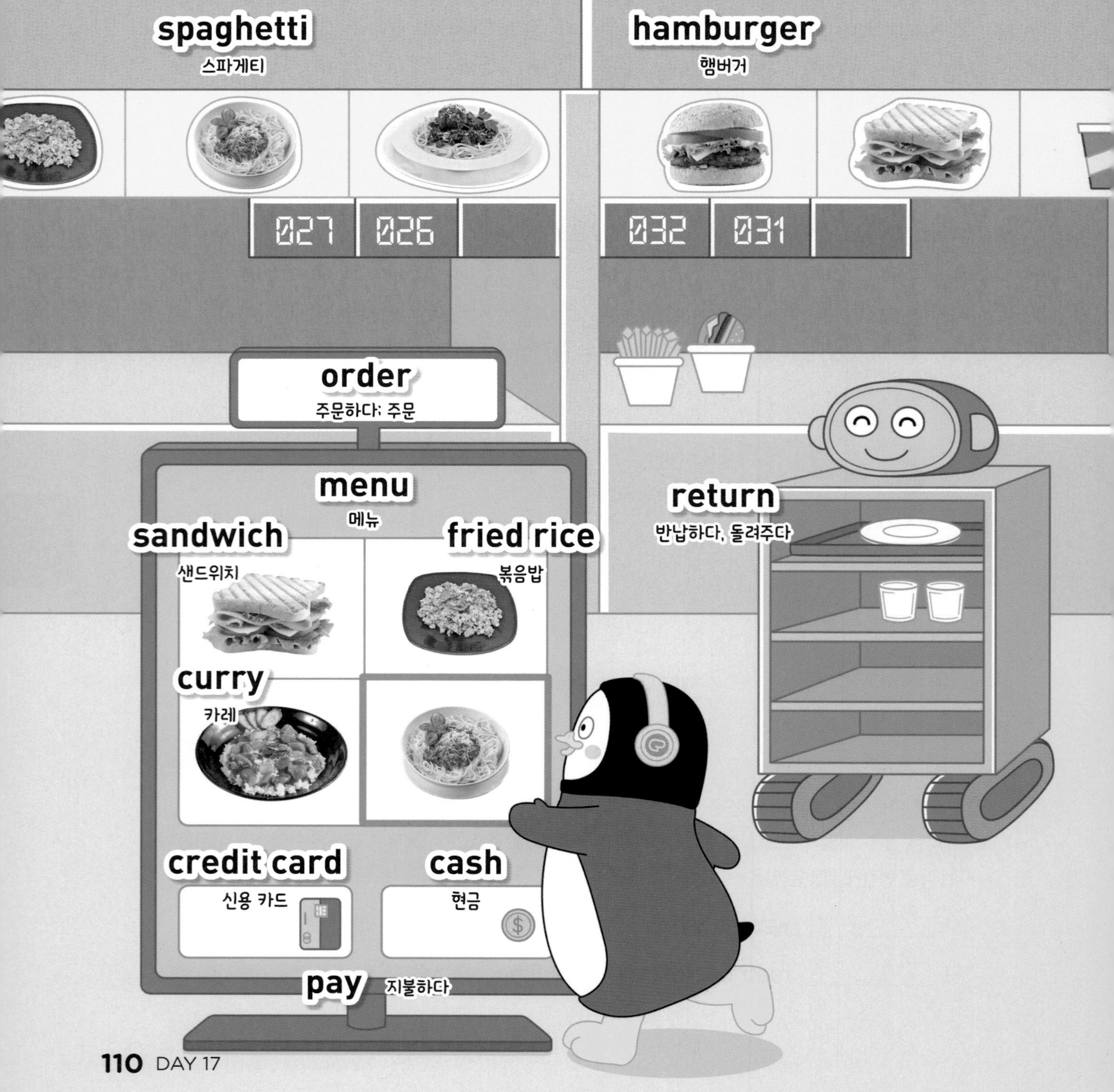
spaghetti
스파게티
hamburger
햄버거
027
026
032
031
order
주문하다; 주문
menu
메뉴
sandwich
샌드위치
fried rice
볶음밥
curry
카레
return
반납하다, 돌려주다
credit card
신용 카드
cash
현금
pay 지불하다

Step 1 Let's Look & Think

그림을 보면서 이야기를 읽고, 빈칸에 들어갈 말을 써 보세요.

배가 고픈 펭수는 푸드코트에 갔어요. 스파게티, 국수, 카레, 해산물 등 **❶** _____ 가 다양하네요. 펭수는 여러 가지 음식 중에 **❷** _____ 를 골랐어요. 이제 결제만 하면 주문 완료입니다. 여러분은 어떤 음식을 주문하고 싶나요?

seafood
해산물

noodle
국수

free

try
시식[시도]하다, 노력하다

Step 2 Let's Listen & Speak

단어를 들으며 세 번 따라 말하면서 네모에 체크(✓)하고, 두 번 써 보세요.

- [ ] menu
- [ ] order
- [ ] return
- [ ] pay
- [ ] try
- [ ] cash
- [ ] credit card
- [ ] curry
- [ ] noodle
- [ ] seafood
- [ ] fried rice
- [ ] sandwich
- [ ] spaghetti
- [ ] hamburger

정답 ❶ 종류 ❷ 스파게티

영어 단어와 문장을 들으면서 따라 써 보고, 우리말 뜻도 써 보세요.

menu

메뉴

order

주문하다; 주문

return

반납하다, 돌려주다

pay

지불하다

try

시식[시도]하다, 노력하다

cash .... in cash 현금으로

현금

credit card .... by credit card 신용 카드로

신용 카드

curry

카레

noodle .... 주로 복수형인 noodles로 쓰여요.

국수

seafood

해산물

fried rice
복음밥
rice는 쌀 또는 밥의 의미로 쓰인답니다.

sandwich
샌드위치

spaghetti
스파게티
pasta(파스타)의 한 종류랍니다.

hamburger
햄버거
burger라고 쓰기도 해요.

💬 **Don't forget to return the book to the library.**
도서관에 그 책을 돌려주는 것을 잊지 마라.

💬 **Can I pay by credit card?**
제가 신용 카드로 계산해도 될까요?

💬 **You must pay in cash.**
당신은 현금으로 계산해야 합니다.
must ~해야 한다

DAY 17

A 들려주는 단어의 순서대로 번호를 쓰고, 빈칸에 단어를 쓰세요.   ▶ 241032-0093

☐　　　☐　　　☐　　　☐

B 단어 카드에 적힌 우리말 뜻에 맞는 단어를 보기에서 찾아 쓰세요.   ▶ 241032-0094

보기
try　seafood　pay　menu

1
지불하다

2
해산물

3
시식[시도]하다, 노력하다

4
메뉴

C 우리말 뜻에 맞는 단어를 찾아 동그라미 하고 빈칸에 쓰세요.   ▶ 241032-0095

가로
1 국수
2 반납하다, 돌려주다

세로
3 현금
4 주문하다; 주문

1
2
3
4

r	u	c	s	c	v	o
o	e	a	i	a	e	r
r	c	t	r	s	k	v
d	t	c	o	h	y	e
e	n	o	o	d	l	e
r	e	t	u	r	n	m

D 그림을 알맞게 표현한 문장에 체크(✔)하세요. ▶ 241032-0096

1

- ☐ You must pay in cash.
- ☐ You must pay by credit card.

2

- ☐ Can I have seafood?
- ☐ Can I have curry and rice?

E 우리말과 같은 뜻이 되도록 단어를 배열하여 문장을 완성하세요. ▶ 241032-0097

1 제가 햄버거를 하나 먹어도 되나요? have, I, a, can, hamburger

➡

2 그 책을 돌려주는 것을 잊지 마. forget, book, return, to, don't, the

➡

DAY 17

Let's **Learn More** 추가로 알아 두면 좋은 단어를 살펴봐요!

feel good vs. feel well

오늘은 펭수의 가족이 소풍을 가는 날이에요. 펭수는 기분이 좋지만, 펭수의 동생은 몸이 안 좋다고 해요. **기분이 좋다는 feel good, (건강상) 컨디션이 좋다는 feel well**을 주로 씁니다. 다음 빈칸에 알맞은 말을 써 보세요.

• I'm feeling so _____ right now. 저는 지금 기분이 정말 좋아요.

• If you don't feel _____, get some rest. 네가 몸이 안 좋으면, 좀 쉬어라.

What Is That?

저것은 무엇일까?

Step 1 Let's Look & Think

그림을 보면서 이야기를 읽고, 빈칸에 들어갈 말을 써 보세요.

평소 우주에 관심이 많은 펭수가 ❶ [   ] 으로 행성을 보고 있었어요. 그때 갑자기 ❷ [   ] 이 펭수네 집 근처로 떨어졌어요. 펭수가 발견한 것은 운석일까요? 근처에 수상한 발 자국이 있네요. 설마 외계인은 아니겠지요?

shooting star
별똥별, 유성

astronaut
우주 비행사

telescope
망원경

planet
행성

find
찾다, 발견하다

rough
거친, 울퉁불퉁한

strange
이상한, 낯선

sound
소리가 나다; 소리

smell
냄새가 나다; 냄새

taste
맛이 나다; 맛

scared
무서워하는, 겁내는

hear
듣다

spaceship
우주선

footprint
발자국

정답은 ① 우주인(영어사랑 ② 망원경뒤쪽

Step 2 Let's Listen & Speak

단어를 들으며 세 번 따라 말하면서 네모에 체크(✔)하고,
두 번 써 보세요.

☐ find

☐ hear

☐ taste

☐ smell

☐ sound

☐ rough

☐ scared

☐ strange

☐ footprint

☐ planet

☐ astronaut

☐ spaceship

☐ telescope

☐ shooting star

Step 3 · Let's Handwrite

영어 단어와 문장을 들으면서 따라 써 보고, 우리말 뜻도 써 보세요.

find
찾다, 발견하다

> '발견하다'의 의미로 discover를 쓸 수도 있어요.

hear
듣다

> 비슷한 의미로 listen(귀 기울여 듣다)도 알아 두세요.

taste
맛이 나다; 맛

smell
냄새가 나다; 냄새

sound
소리가 나다; 소리

rough
거친, 울퉁불퉁한

scared
무서워하는, 겁내는

> 같은 의미로 afraid를 쓸 수도 있어요.

strange
이상한, 낯선

> stranger(낯선 사람)도 함께 알아 두세요.

footprint
발자국

> 손바닥 자국은 handprint 라고 하면 되겠죠?

planet
행성

118 DAY 18

astronaut
우주 비행사

같은 의미로 spacecraft를 쓸 수도 있어요.

spaceship
우주선

현미경은 microscope라고 해요.

telescope
망원경

falling star라고 쓸 수도 있답니다.

shooting star
별똥별, 유성

I want to find a bluebird.
나는 파랑새를 찾고 싶어.

Wow, it tastes great!
와, 그것은 진짜 맛있어!

be scared of ~을 무서워하다, 두려워하다

Are you scared of spiders?
너는 거미를 무서워하니?

DAY 18

A 들려주는 단어의 순서대로 번호를 쓰고, 빈칸에 단어를 쓰세요. 241032-0098

☐

☐

☐

☐

B 단어 카드에 적힌 우리말 뜻에 맞는 단어를 보기에서 찾아 쓰세요. 241032-0099

보기

footprint   rough   strange   sound

1 [   ]

거친, 울퉁불퉁한

2 [   ]

이상한, 낯선

3 [   ]

소리가 나다; 소리

4 [   ]

발자국

C 나열된 철자의 순서를 바로잡아 우주와 관련된 단어를 완성하세요. 241032-0100

1 t l p e n a _____

2 e e l e p o c s t _____

3 c s p a i p h s e _____

4 t a s n r a o u t _____

D 우리말과 같은 뜻이 되도록 빈칸에 알맞은 단어를 쓰세요.   241032-0101

1 Wow, it _____s great!   와, 그것은 진짜 냄새 좋다!

2 Are you _____ of frogs?   너는 개구리를 무서워하니?

3 I want to see a _____.   나는 별똥별을 보고 싶어.

E 그림을 보고, 빈칸에 알맞은 말을 써서 문장을 완성하세요.   241032-0102

1
What do you want to be in the future?
너는 미래에 무엇이 되고 싶니?

I want to be an _____.
나는 우주 비행사가 되고 싶어.

2
These cookies look yummy.
이 쿠키들은 맛있어 보여.

Right! They _____ great!
맞아! 그것들은 진짜 맛있어!

Let's Learn More   추가로 알아 두면 좋은 단어를 살펴봐요!

DAY 18

half moon vs. full moon

밤하늘을 관찰하는 것을 좋아하는 펭수는 달의 모양이 바뀌는 것을 잘 알고 있어요. 얼마 전까지만 해도 half moon(반달)이더니 이제 full moon(보름달)이 되었네요. 다음 빈칸에 알맞은 말을 써 보세요.

• The moon tonight is a _____ moon. 오늘 밤 달은 반달이다.

• The sky is clear, and there is a bright _____ moon.
하늘은 맑고, 밝은 보름달이 있다.

What Is That? **121**

Field Day Is So Much Fun

운동회는 정말 재미있어요

field day
운동회

FIELD DAY

catch
잡다

throw
던지다

exercise
운동하다; 운동

medal
메달

cheer
응원하다; 응원

sweat
땀

player
(운동)선수

pass
패스하다, 건네주다; 합격, 통과

race
경주

그림을 보면서 이야기를 읽고, 빈칸에 들어
갈 말을 써 보세요.

펭수네 학교에서는 ❶ [   ] 가 열렸
어요. 경기에서 이기면 ❷ [   ] 을 받
을 수도 있어요. 무엇보다도 중요한 것은 규칙
을 준수하고 준비 운동을 충분히 해서 다치지
않는 것이겠지요? 펭수와 친구들을 함께 응원
해 볼까요?

shoot
공을 슛하다(던지다)

goal
골, 득점, 목표

team
팀

score
점수, 득점; 득점하다

Blue | Red
10 | 7

정답 ❶ 운동회 ❷ 메달

단어를 들으며 세 번 따라 말하면서 네모에 체크(✔)하고,
두 번 써 보세요.

☐ field day _____

☐ exercise _____

☐ cheer _____

☐ catch _____

☐ throw _____

☐ shoot _____

☐ pass _____

☐ sweat _____

☐ race _____

☐ medal _____

☐ player _____

☐ team _____

☐ score _____

☐ goal _____

영어 단어와 문장을 들으면서 따라 써 보고, 우리말 뜻도 써 보세요.

field day

> 영국에서는 sports day로 쓴답니다.

운동회

exercise

운동하다; 운동

cheer

> Cheer up!(기운 내!)도 알아 두세요.

응원하다; 응원

catch

잡다

throw

던지다

shoot

공을 슛하다(던지다)

pass

패스하다, 건네주다; 합격, 통과

sweat

땀

race

경주

medal

> gold medal 금메달, silver medal 은메달, bronze medal 동메달

메달

player
(운동)선수

같은 의미로 athlete를 쓸 수 있어요.

team
팀

팀 협동은 teamwork 라고 한답니다.

Blue	Red
10	7

score
점수, 득점; 득점하다

goal
골, 득점, 목표

💬 ## Jack, throw the ball!
Jack, 공을 던져!

💬 ## Pass me the pepper, please.
저에게 후추 좀 건네주세요.

win a medal
메달을 따다

📖 ## She won a gold medal in the Olympics.
그녀는 올림픽에서 금메달을 땄다.

DAY 19

Step 4 Let's Practice

A 들려주는 단어의 순서대로 번호를 쓰고, 빈칸에 단어를 쓰세요.

  ▶ 241032-0103

☐ 　☐ 　☐ 　☐

B 다음 단어 퀴즈에서 철자를 바르게 고쳐 쓰세요.　▶ 241032-0104

단어 퀴즈		바르게 고치기
1 경주	rase	
2 골, 득점, 목표	goul	
3 공을 숏하다	shut	
4 건네주다	paes	

C 우리말 뜻에 맞게 퍼즐의 빈칸에 알맞은 단어를 쓰세요.　▶ 241032-0105

가로

1 운동하다; 운동

3 던지다

세로

2 점수, 득점; 득점하다

3 팀

D 그림을 알맞게 표현한 문장에 체크(✔)하세요. ▶ 241032-0106

1

☐ She won a gold medal.
☐ She's a great tennis player.

2

☐ Catch the ball!
☐ Shoot the ball!

E 우리말과 같은 뜻이 되도록 단어를 배열하여 문장을 완성하세요. ▶ 241032-0107

1 저에게 소금 좀 건네주세요.   me, pass, salt, please, the

➡ _____

2 그는 운동회에서 금메달을 땄다.   on, he, the field day, medal, won, a, gold

➡ _____

 Learn More   추가로 알아 두면 좋은 단어를 살펴봐요!

win the game vs. win the championship

펭수가 동생에게 경기에서 이겼는지 묻고 있어요. 와! 짝짝짝! 펭수 동생이 우승했다고 하네요. **경기나 게임에서 이기다**는 win the game으로, **챔피언이 되다** 또는 **우승을 차지하다**는 win the championship으로 쓰면 돼요. 다음 빈칸에 알맞은 말을 써 보세요.

• Did you _____ the game? 너는 경기에서 이겼니?

• He won the _____. 그는 챔피언이 되었어.

August Is My Favorite Month

8월이 내가 가장 좋아하는 달이야

month
월, 달, 개월

January 1월

February 2월

March 3월

May 5월

June 6월

July 7월

September 9월

October 10월

November 11월

그림을 보면서 이야기를 읽고, 빈칸에 들어 갈 말을 써 보세요.

펭수가 가장 좋아하는 ❶ [   ] 은 8월이랍니다. 그 이유는 바로 펭수가 태어난 날, 즉 ❷ [   ] 이 있기 때문이죠. 여러분이 가장 좋아하는 달은 생일이 있는 달인가요? 아니면 어린이날이 있는 5월이나 크리스마스가 있는 12월인가요?

April 4월

birthday 생일

August 8월

December 12월

단어를 들으며 세 번 따라 말하면서 네모에 체크(✓)하고, 두 번 써 보세요.

- ☐☐ month
- ☐☐ January
- ☐☐ February
- ☐☐ March
- ☐☐ April
- ☐☐ May
- ☐☐ June
- ☐☐ July
- ☐☐ August
- ☐☐ September
- ☐☐ October
- ☐☐ November
- ☐☐ December
- ☐☐ birthday

Step 3 — Let's Handwrite

영어 단어와 문장을 들으면서 따라 써 보고, 우리말 뜻도 써 보세요.

day(날), week(주), year(년)도 함께 알아 두세요.

month
월, 달, 개월

월은 첫 글자를 대문자로 써요.

January
1월

February
2월

March
3월

April
4월

May
5월

June
6월

July
7월

August
8월

September
9월

October
10월

November
11월

December
12월

birthday
생일

💬 **What is your favorite month?**
네가 가장 좋아하는 달은 뭐니?

💬 **His birthday is in August.**
그의 생일은 8월에 있어.

월은 in과 함께 써요.

📖 **Christmas is on December 25th.**
크리스마스는 12월 25일이야.

몇 월 며칠 또는 특정한 날은 on과 함께 써요.

DAY 20

A 들려주는 단어의 순서대로 번호를 쓰고, 빈칸에 단어를 쓰세요.

 ▶ 241032-0108

B 다음 단어 퀴즈에서 철자를 바르게 고쳐 쓰세요.

▶ 241032-0109

단어 퀴즈		바르게 고치기
1 2월	Feburary	
2 4월	Apirl	
3 9월	Sebtember	
4 11월	Nomverber	

C 우리말 뜻에 맞는 단어를 찾아 동그라미 하고 빈칸에 쓰세요.

▶ 241032-0110

가로	세로
1 6월	3 8월
2 생일	4 월, 달, 개월

1

2

3

4

S	E	P	A	U	G	A	J
J	B	I	U	M	I	U	U
A	M	A	G	O	K	G	L
N	A	J	U	N	E	U	A
U	R	T	S	T	I	B	S
B	I	R	T	H	D	A	Y

D 우리말과 같은 뜻이 되도록 빈칸에 알맞은 단어를 쓰세요. ▶ 241032-0111

1 Her birthday is in _____ .

그녀의 생일은 8월에 있어.

2 _____ is my favorite month.

1월은 내가 가장 좋아하는 달이야.

3 Christmas Eve is on _____ 24th.

크리스마스 전날은 12월 24일이야.

E 우리말과 같은 뜻이 되도록 단어를 배열하여 문장을 완성하세요. ▶ 241032-0112

1 내 생일은 5월에 있어. is, May, in, birthday, my

➡ _____

2 그가 가장 좋아하는 달은 뭐니? favorite, his, is, month, what

➡ _____

Let's **Learn More**   추가로 알아 두면 좋은 단어를 살펴봐요!

date vs. day

펭수는 오늘이 며칠인지 생각이 나지 않아 엄마한테 여쭤봐요. **날짜**를 물을 때는 **date**를 쓰고, **요일**만 묻고 싶으면 **day**를 씁니다. 다음 빈칸에 알맞은 말을 써 보세요.

• What's the _____ ? – It's March 3rd. 날짜가 어떻게 되니? – 3월 3일이야.

• What _____ is it today? – It's Monday. 오늘이 무슨 요일이니? – 월요일이야.

DAY 20

August Is My Favorite Month **133**

A 영어 단어에는 우리말 뜻을, 우리말 뜻에는 영어 단어를 쓰세요. ▶ 241032-0113

1	find		11	거친, 울퉁불퉁한
2	scared		12	맛이 나다; 맛
3	hear		13	냄새가 나다; 냄새
4	strange		14	행성
5	sweat		15	주문하다; 주문
6	try		16	이해하다, 알다
7	pay		17	배우다
8	speak		18	반복하다
9	return		19	외국의
10	month		20	단어, 낱말

B 우리말과 같은 뜻이 되도록 빈칸에 알맞은 단어를 찾아 연결하세요. ▶ 241032-0114

1 Can I see the _____ , please? •   • menu
제가 메뉴 좀 봐도 될까요?

2 I need a _____ . •   • medal
나는 망원경이 필요해.

3 She's a great volleyball _____ . •   • player
그녀는 훌륭한 배구 선수야.

4 We can go inside the _____ . •   • telescope
우리는 우주선 안으로 들어갈 수 있어.

5 He won a gold _____ in the race. •   • spaceship
그는 그 경주에서 금메달을 땄어.

C 우리말과 같은 뜻이 되도록 빈칸에 알맞은 단어를 보기에서 골라 쓰세요. 241032-0115

1 Kevin, _____ the ball!
Kevin, 공을 던져!

2 I should _____ more.
나는 더 많이 연습해야 해.

3 Can you _____ me the salt, please?
저에게 소금 좀 건네주시겠어요?

4 I should _____ every day. 나는 매일 운동해야 해.

5 They _____ed for their team. 그들은 그들의 팀을 응원했어.

보기
pass
cheer
throw
practice
exercise

D 우리말 뜻과 같도록 빈칸에 알맞은 단어를 보기에서 골라 쓰세요. 241032-0116

When is your birthday?

1 My birthday is on
_____ 10th.
제 생일은 8월 10일이에요.

2 _____ 7th is
my birthday.
9월 7일은 제 생일이에요.

3 My birthday is on
_____ 23rd.
제 생일은 6월 23일이에요.

4 My birthday is on
_____ 8th.
제 생일은 3월 8일이에요.

보기
March   June   August   September

135

DAY 21 I Like Adventure Stories

난 모험 이야기를 좋아해

story
이야기

title
제목

adventure
모험

knight
기사

dragon
용

author
작가, 저자

forest
숲

letter
편지

ghost
유령, 귀신

그림을 보면서 이야기를 읽고, 빈칸에 들어
갈 말을 써 보세요.

옛날 옛적, 펭수 기사에게 악당 무리의 성에 갇힌
❶ _____ 이 구해 달라는 편지를 보내
왔어요. 그 성으로 가려면 ❷ _____ 을
지나 무서운 유령, 용, 마녀와 거인을 물리쳐
야 해요. 펭수 기사는 왕을 구할 수 있을까요?
우리 모두 펭수 기사의 모험을 따라가 봐요.

king 왕
princess 공주
castle 성
giant 거인; 거대한
witch 마녀

정답 ❶ 왕 ❷ 숲

단어를 들으며 세 번 따라 말하면서 네모에 체크(✔)하고,
두 번 써 보세요.

- story
- title
- author
- letter
- forest
- knight
- adventure
- castle
- king
- princess
- ghost
- giant
- witch
- dragon

Step 3 — Let's Handwrite

영어 단어와 문장을 들으면서 따라 써 보고, 우리말 뜻도 써 보세요.

story
복수형은 stories라고 써요.
이야기

title
제목

author
같은 의미로 writer를 쓸 수 있어요.
작가, 저자

letter
전자 우편은 email이라고 해요.
편지

forest
숲

knight
기사

adventure
모험

castle
성

king
여왕은 queen으로 기억해 두세요.
왕

princess
왕자는 prince라고 써요.
공주

ghost
유령, 귀신

giant
거인; 거대한

wizard(마법사)도
함께 알아 두세요.

witch
마녀

dragon
용

Can you tell me an interesting story?
너는 나에게 재미있는 이야기를 해 줄 수 있니?

send(보내다)의
과거형은 sent예요.

My grandmother sent me a letter.
나의 할머니께서 나에게 편지를 보내셨어.

It's a story about a good witch.
그것은 착한 마녀에 관한 이야기야.

I Like Adventure Stories **139**

A   들려주는 단어의 순서대로 번호를 쓰고, 빈칸에 단어를 쓰세요.

 241032-0117

B   우리말 뜻에 맞는 단어가 되도록 철자의 순서를 바로잡아 단어를 완성하세요.   241032-0118

1   제목   i l t t e   ➡ _____

2   숲   r s f e t o   ➡ _____

3   모험   a u v n t r e e d   ➡ _____

C   우리말 뜻에 맞게 퍼즐의 빈칸에 알맞은 단어를 쓰세요.   241032-0119

가로

1. 유령, 귀신

4   거인; 거대한

세로

2   용

3   마녀

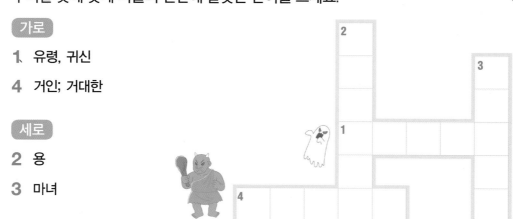

D 우리말과 같은 뜻이 되도록 빈칸에 알맞은 단어를 쓰세요.　　241032-0120

1 I will send you a _____ .
내가 너에게 편지를 보낼게.

2 Can you tell me about the _____ ?
너는 나에게 그 작가에 대해 이야기해 줄 수 있니?

3 My teacher told us a funny _____ .
나의 선생님께서 우리에게 웃기는 이야기를 해 주셨어.

E 그림을 보고, 빈칸에 알맞은 말을 써서 문장을 완성하세요.　　241032-0121

1

These books are about _____ s.
이 책들은 유령에 관한 것들이야.

2

This book is about a brave _____ .
이 책은 용감한 기사에 관한 것이야.

Let's **Learn More**　　추가로 알아 두면 좋은 단어를 살펴봐요!

𝑓𝑎𝑖𝑟𝑦 𝑡𝑎𝑙𝑒 vs. 𝑐𝘩𝑎𝑟𝑎𝑐𝑡𝑒𝑟

펭수는 **동화**(fairy tale) 속 **등장인물**(character)인 요정, 공주, 기사, 왕자 등을 좋아해요. 여러분도 이런 책들을 좋아하나요? 다음 빈칸에 알맞은 말을 써 보세요.

• She's reading a _____ tale about dragons. 그녀는 용에 관한 동화를 읽고 있어.

• Who is a major _____ in the book? 그 책의 주요 등장인물은 누구니?

I Like Adventure Stories　141

I Love the School Festival

나는 학교 축제가 정말 좋아

food truck
푸드 트럭

FALL FESTIVAL

festival
축제, 페스티벌

snack
간식, 스낵

magic
마법; 마법의

pop
펑 하고 터뜨리다[터지다]

jacket
재킷

jeans
청바지

crowd
사람들, 군중, 무리

sneakers
운동화

flea market
벼룩시장

그림을 보면서 이야기를 읽고, 빈칸에 들어
갈 말을 써 보세요.

펭수의 학교에서는 매년 ❶ [   ] 가
열려요. 축제에서는 맛있는 음식을 사 먹을 수
있고, 다양한 활동도 할 수 있어요. 특히, 올해
는 중고 물품을 모아 필요한 사람이 사 갈 수
있는 ❷ [   ] 도 열리고 있네요. 펭수
네 학교 축제를 구경하러 가 볼까요?

Photos

photo
사진

wait
기다리다

photographer
사진사

line
줄, 선; 줄을 세우다, 선을 긋다

정답 ❶ 축제 ❷ 벼룩시장

단어를 들으며 세 번 따라 말하면서 네모에 체크(✓)하고,
두 번 써 보세요.

- festival
- pop
- crowd
- line
- wait
- magic
- snack
- food truck
- photo
- photographer
- flea market
- jacket
- jeans
- sneakers

영어 단어와 문장을 들으면서 따라 써 보고, 우리말 뜻도 써 보세요.

festival
축제, 페스티벌

pop
펑 하고 터뜨리다[터지다]

> people(사람들)이 여럿 모여 있을 때 쓸 수 있어요.

crowd
사람들, 군중, 무리

line
줄, 선; 줄을 세우다, 선을 긋다

wait
기다리다

magic
마법; 마법의

> 샌드위치와 같은 간단한 간식거리를 파는 곳은 snack bar(스낵바)라고 해요.

snack
간식, 스낵

food truck
푸드 트럭

> photograph를 간단하게 줄인 단어랍니다.

photo
사진

photographer
사진사

flea market
벼룩시장

jacket
재킷

바지나 신발 등 두 개가 짝을
이루는 물건은 복수형으로 써요.

jeans
청바지

sneakers
운동화

Our fall festival is coming up soon.   come up(다가오다)
우리의 가을 축제가 곧 다가와.

We bought this table at the flea market.   buy(사다)의 과거형은 bought예요.
우리는 벼룩시장에서 이 테이블을 샀어.

He is wearing green sneakers.
그는 초록색 운동화를 신고 있어.

A 들려주는 단어의 순서대로 번호를 쓰고, 빈칸에 단어를 쓰세요. ▶ 241032-0122

☐    ☐    ☐    ☐

_____   _____   _____   _____

B 다음 단어 퀴즈에서 철자를 바르게 고쳐 쓰세요. ▶ 241032-0123

단어 퀴즈		바르게 고치기
1 사진	foto	
2 기다리다	weit	
3 줄, 선	lien	
4 사진사	photografer	

C 우리말 뜻에 맞는 단어를 찾아 동그라미 하고 빈칸에 쓰세요. ▶ 241032-0124

가로
1 축제, 페스티벌
2 사람들, 군중, 무리

세로
3 간식, 스낵
4 마법; 마법의

1 _____
2 _____
3 _____
4 _____

c	j	i	s	c	l	m	a
f	e	s	t	i	v	a	l
a	a	n	r	s	k	g	y
v	n	a	d	h	y	i	o
g	s	c	o	f	d	c	j
e	r	k	c	r	o	w	d

D 그림을 알맞게 표현한 문장에 체크(✔)하세요.　　　　　▶ 241032-0125

1

☐ She is wearing a sweater.
☐ She is wearing a jacket.

2

☐ I bought these blue jeans.
☐ I bought these blue sneakers.

DAY 22

E 우리말과 같은 뜻이 되도록 단어를 배열하여 문장을 완성하세요.　　　▶ 241032-0126

1　우리 마을 축제가 곧 다가오고 있어.　　up, our, festival, is, town, coming, soon

➡ _____

2　나는 벼룩시장에서 이 모자를 샀어.　　flea market, the, I, hat, this, bought, at

➡ _____

Let's **Learn More**　　추가로 알아 두면 좋은 단어를 살펴봐요!

pair vs. piece

펭수는 축제에서 열린 벼룩시장에서 장화 한 켤레를 장만하고 푸드 트럭에서 피자 한 조각을 사 먹었어요. 한 쌍 또는 한 켤레는 a pair of라고 하고, 한 조각 또는 한 장은 a piece of라고 해요. 다음 빈칸에 알맞은 말을 써 보세요.

• I need a _____ of gloves. 나는 장갑 한 켤레가 필요해.

• Can I get a _____ of paper? 제가 종이 한 장을 얻을 수 있을까요?

I'm Looking for a Backpack

저는 배낭을 찾고 있어요

shopping mall
쇼핑몰

Bags & Hats

Boo

sale
할인 판매, 판매

price
가격

backpack
배낭

help
돕다

try on
(옷, 신발, 모자 등을)
입어[신어, 써] 보다

on Sale!
~~$50~~
$20

pick
고르다

Cheap!

cheap
(값이) 싼

look for
~을 찾다

그림을 보면서 이야기를 읽고, 빈칸에 들어갈 말을 써 보세요.

엄마와 ❶ [   ] 에 온 펭수는 먼저 가방 가게에 가서 ❷ [   ] 을 사요. 초등학교 입학할 때 산 가방이 너무 작아서 좀 더 큰 가방을 사려고 해요. 가방을 산 후에 펭수는 서점에 가서 동생 생일 선물로 책도 사고, 공책도 살 거랍니다.

clerk
점원

receipt
영수증

paper bag
종이봉투

cost
(값이) ~이다; 비용

book	$12
notebook	$2
total	$14

total
합계

정답 ❶ 쇼핑몰 ❷ 백팩

단어를 들으며 세 번 따라 말하면서 네모에 체크(✔)하고, 두 번 써 보세요.

cost

help

look for

try on

pick

cheap

sale

clerk

price

total

receipt

backpack

paper bag

shopping mall

영어 단어와 문장을 들으면서 따라 써 보고, 우리말 뜻도 써 보세요.

cost
(값이) ~이다; 비용

help
돕다

> 쇼핑할 물건을 찾을 때 주로 쓸 수 있어요.

look for
~을 찾다

try on
(옷, 신발, 모자 등을) 입어[신어, 써] 보다

> 비슷한 의미로 choose(선택하다, 고르다)도 있어요.

pick
고르다

> ↔ expensive (값이) 비싼

cheap
(값이) 싼

> on sale 할인 중인

sale
할인 판매, 판매

> 손님이나 고객은 customer라고 해요.

clerk
점원

> 가격표는 price tag로 써요.

price
가격

> in total(총, 모두 합해서)도 알아 두세요.

total
합계

receipt
영수증

backpack
배낭

비닐봉지는 plastic bag으로 써요.

paper bag
종이봉투

shopping mall
쇼핑몰

💬 What are you looking for?
당신은 무엇을 찾고 있나요?

💬 Can I try these shoes on?
제가 이 신발을 신어 봐도 되나요?

📖 We will be six in total.
우리는 총 6명이 될 거예요.

A 들려주는 단어의 순서대로 번호를 쓰고, 빈칸에 단어를 쓰세요. ▶ 241032-0127

   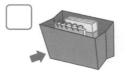

B 단어 카드에 적힌 우리말 뜻에 맞는 단어를 보기에서 찾아 쓰세요. ▶ 241032-0128

보기
help   pick   cost   look for

1 □
고르다

2 □
(값이) ~이다; 비용

3 □
~을 찾다

4 □
돕다

C 우리말 뜻에 맞게 퍼즐의 빈칸에 알맞은 단어를 쓰세요. ▶ 241032-0129

가로
1 배낭
4 할인 판매, 판매

세로
2 (값이) 싼
3 점원

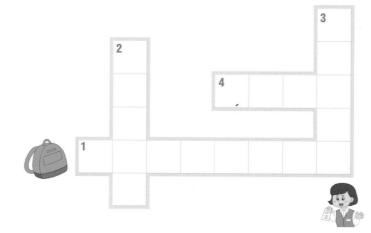

D 우리말과 같은 뜻이 되도록 빈칸에 알맞은 단어를 쓰세요.   ▶ 241032-0130

1 We will be twelve in [　　　　　] .
우리는 총 12명이 될 거예요.

2 Can I [　　　　　] this jacket?
제가 이 재킷을 입어 봐도 되나요?

3 I'm looking for a [　　　　　] .
저는 종이봉투를 찾고 있어요.

E 우리말과 같은 뜻이 되도록 단어를 배열하여 문장을 완성하세요.   ▶ 241032-0131

1 저는 배낭을 찾고 있어요.   looking, a, I'm, backpack, for

➡ _____

2 제가 이 모자를 써 봐도 되나요?   this, on, I, can, hat, try

➡ _____

Let's **Learn More**   추가로 알아 두면 좋은 단어를 살펴봐요!

give a call vs. give a hand

펭수는 혼자서 하기 어려운 일은 부모님께 전화를 걸어 도움을 청한답니다. 이때, give를 이용하여 **전화를 하다**는 give a call, **도움을 주다**는 give a hand로 쓸 수 있어요. 다음 빈칸에 알맞은 말을 써 보세요.

 • I'll give you a _____ in the morning.   내가 너에게 아침에 전화할게.

 • Can you give me a _____?   너는 나를 도와줄 수 있니?

I'm in the Fifth Grade

나는 5학년이야

elementary school
초등학교

middle school
중학교

grade
학년, 성적

fourth
넷째의, 네 번째의;
넷째로

fifth
다섯째의, 다섯 번째의;
다섯째로

third
셋째의, 세 번째의; 셋째로

3학년

4학년

5학년

second
둘째의, 두 번째의; 둘째로

2학년

first
첫째의, 첫 번째의; 우선

sand
모래

1학년

그림을 보면서 이야기를 읽고, 빈칸에 들어갈 말을 써 보세요.

학생들은 점심 식사 후에 놀이터에 나와서 재미있게 놀고 있어요. ❶ _____ 부터 6학년까지 학생들이 모두 다 있어요. 펭수는 ❷ _____ 친구와 이야기를 나누고 있네요. 둘은 무슨 이야기를 나누고 있을까요? 오, 저 멀리 중학교와 고등학교도 보이네요.

high school
고등학교

hold
잡다, 쥐다, 열다[개최하다]

ladder
사다리

sixth
여섯째의, 여섯 번째의; 여섯째로

6학년

bench
벤치, 긴 의자

단어를 들으며 세 번 따라 말하면서 네모에 체크(✔)하고, 두 번 써 보세요.

☐☐ first _____

☐☐ second _____

☐☐ third _____

☐☐ fourth _____

☐☐ fifth _____

☐☐ sixth _____

☐☐ grade _____

☐☐ sand _____

☐☐ hold _____

☐☐ bench _____

☐☐ ladder _____

☐☐ elementary school _____

☐☐ middle school _____

☐☐ high school _____

 **Step 3** **Let's Handwrite**

영어 단어와 문장을 들으면서 따라 써 보고, 우리말 뜻도 써 보세요.

first

1층은 미국에서는 first floor, 영국에서는 ground floor라고 해요.

첫째의, 첫 번째의; 우선

second

second는 시간 단위인 '초'라는 의미로도 쓰여요.

둘째의, 두 번째의; 둘째로

third

셋째의, 세 번째의; 셋째로

fourth

넷째의, 네 번째의; 넷째로

fifth

다섯째의, 다섯 번째의; 다섯째로

sixth

여섯째의, 여섯 번째의; 여섯째로

grade

first grader는 1학년생을 말해요.

학년, 성적

sand

모래

hold

'파티를 열다'는 영어로 hold a party라고 해요.

잡다, 쥐다, 열다[개최하다]

bench

일반적인 의자는 chair라고 해요.

벤치, 긴 의자

ladder
사다리

elementary school
초등학교

유치원은 kindergarten 또는 preschool이라고 해요.

middle school
중학교

대학교는 college 또는 university라고 해요.

high school
고등학교

📖 She took first place in the race last week.

take first place 1등을 차지하다

그녀는 지난주 경주에서 1등을 차지했어.

💬 My classroom is on the fifth floor.
나의 교실은 5층에 있어.

💬 Jun goes to middle school.
준은 중학교에 다녀.

A 들려주는 단어의 순서대로 번호를 쓰고, 빈칸에 단어를 쓰세요. ▶ 241032-0132

☐  ☐  ☐  ☐

B 우리말 뜻에 맞는 단어가 되도록 철자의 순서를 바로잡아 단어를 완성하세요. ▶ 241032-0133

1 여섯째의 h i x s t ➡ _____

2 셋째의 i r d h t ➡ _____

3 둘째의 s n d c e o ➡ _____

C 우리말 뜻에 맞게 퍼즐의 빈칸에 알맞은 단어를 쓰세요. ▶ 241032-0134

가로
1 넷째의, 네 번째의; 넷째로
4 학년, 성적

세로
2 잡다, 쥐다, 열다[개최하다]
3 다섯째의, 다섯 번째의; 다섯째로

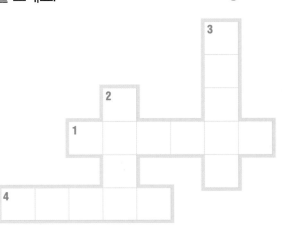

D 그림을 알맞게 표현한 문장에 체크(✔)하세요. ▶ 241032-0135

1
☐ I took first prize in the marathon.
☐ I took second prize in the marathon.

2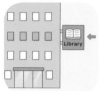
☐ The library is on the third floor.
☐ The library is on the fourth floor.

E 우리말과 같은 뜻이 되도록 단어를 배열하여 문장을 완성하세요. ▶ 241032-0136

1 너는 중학교에 다니니? middle, go, you, do, to, school

➡ _____

2 Anthony는 고등학교에 다녀. to, goes, Anthony, high, school

➡ _____

Let's **Learn More** 추가로 알아 두면 좋은 단어를 살펴봐요!

reader vs. listener

여러분은 펭수처럼 책을 읽는 사람인가요? 아니면 주로 음악이나 라디오를 듣는 사람인가요? 단어 뒤에 -er이 붙으면 ~하는 사람이란 뜻을 가지는데요. read(읽다)에 -er이 붙어 reader(읽는 사람, 독자), listen(듣다)에 -er이 붙어 listener(듣는 사람, 청취자)와 같이 써요. 다음 빈칸에 알맞은 말을 써 보세요.

• She is a careful _____. 그녀는 꼼꼼한 독자이다.

• Thank you to the radio _____s. 라디오 청취자분들께 감사드려요.

Can You Come to My Birthday Party?

너는 나의 생일 파티에 올 수 있니?

party
파티

HAPPY BIRTHDAY

decorate
꾸미다

special
특별한

invite
초대하다

glad
기쁜

candle
양초

card
카드

cake
케이크

그림을 보면서 이야기를 읽고, 빈칸에 들어갈 말을 써 보세요.

펭수의 생일 파티를 준비하고 있어요. 펭수 동생은 **❶** 을 불고 있고, 엄마는 장식을 하고 계시네요. 파티에 초대받은 친구들이 **❷** 을 들고 하나둘씩 오고 있어요. 펭수는 친구들이 어떤 선물을 가지고 왔을지 궁금하겠지요?

arrive
도착하다

guest
손님

gift
선물

present
선물

blow
불다

balloon
풍선

단어를 들으며 세 번 따라 말하면서 네모에 체크(√)하고, 두 번 써 보세요.

- [ ] cake
- [ ] card
- [ ] gift
- [ ] guest
- [ ] party
- [ ] candle
- [ ] balloon
- [ ] present
- [ ] blow
- [ ] invite
- [ ] arrive
- [ ] decorate
- [ ] glad
- [ ] special

영어 단어와 문장을 들으면서 따라 써 보고, 우리말 뜻도 써 보세요.

cake

케이크

card

카드

gift

선물

guest

손님

> 손님을 초대한 주인은 host(집주인)라고 해요.

party

파티

candle

양초

balloon

풍선

> 열기구는 영어로 hot-air balloon이라고 해요.

present

선물

> '현재: 현재의'라는 뜻도 있어요.

blow

불다

> '풍선을 불다'는 blow up a balloon이라고 해요.

invite

초대하다

arrive
도착하다

decorate
꾸미다

decoration(장식), decorations (장식품)도 같이 알아 두세요.

glad
기쁜

비슷한 의미로 happy를 쓸 수 있어요.

special
특별한

💬 **I bought a gift for you.**
나는 너를 위해 선물을 샀어.

💬 **I decorated my room.**
나는 내 방을 꾸몄어.

💬 **Thank you for the present.**
선물 고마워.

DAY 25

A 들려주는 단어의 순서대로 번호를 쓰고, 빈칸에 단어를 쓰세요. ▶ 241032-0137

☐ 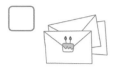　　☐ 　　☐ 　　☐

B 다음 단어 퀴즈에서 철자를 바르게 고쳐 쓰세요. ▶ 241032-0138

단어 퀴즈			바르게 고치기
1	기쁜	gld	
2	손님	guast	
3	특별한	specil	
4	양초	candel	

C 우리말 뜻에 맞는 단어를 찾아 동그라미 하고 빈칸에 쓰세요. ▶ 241032-0139

가로
1 도착하다
2 초대하다

세로
3 파티
4 케이크

a	s	p	l	d	f	g	c
s	p	a	r	r	i	v	e
o	a	r	g	h	n	c	a
n	q	t	b	o	v	a	j
k	e	y	i	n	m	k	s
j	i	n	v	i	t	e	y

1

2

3

4

D 우리말과 같은 뜻이 되도록 빈칸에 알맞은 단어를 쓰세요. ▶ 241032-0140

1 Thank you for the   .
   카드 고마워.

2 She   d her room with flowers.
   그녀는 자신의 방을 꽃으로 꾸몄어.

3 He bought   s for the birthday party.
   그는 생일 파티를 위해 풍선을 샀어.

E 우리말과 같은 뜻이 되도록 단어를 배열하여 문장을 완성하세요. ▶ 241032-0141

1 나를 초대해 줘서 고마워.   me, thank, inviting, for, you

   ➡

2 나는 너를 위해 선물을 샀어.   present, you, I, a, for, bought

   ➡

DAY 25

Let's **Learn More**   추가로 알아 두면 좋은 단어를 살펴봐요!

triangle vs. square

펭수는 미술 시간에 여러 가지 모양의 종이를 오려요. 일단, **삼각형**(triangle)을 그리고 선을 따라 가위로 조심스럽게 오려요. 다음으로 **정사각형**(square)을 그리고 있어요. 다음 빈칸에 알맞은 말을 써 보세요.

• Cut the sandwich into _____s. 샌드위치를 삼각형으로 잘라라.

• I'm drawing a _____ on the paper. 나는 종이에 정사각형 하나를 그리고 있다.

A 영어 단어에는 우리말 뜻을, 우리말 뜻에는 영어 단어를 쓰세요.   ▶ 241032-0142

1	festival		11	기다리다
2	photo		12	마법; 마법의
3	cost		13	벼룩시장
4	author		14	제목
5	adventure		15	숲
6	castle		16	돕다
7	pick		17	할인 판매, 판매
8	receipt		18	모래
9	clerk		19	꾸미다
10	guest		20	특별한

B 우리말과 같은 뜻이 되도록 빈칸에 알맞은 단어를 찾아 연결하세요.   ▶ 241032-0143

1 I made a _____ for him.   •   • gift
나는 그를 위해 카드를 만들었어.

2 Thank you for the _____ .   •   • card
선물 고마워.

3 My dad sent me a _____ .   •   • line
나의 아빠는 나에게 편지를 보내셨어.

4 People are standing in _____ .   •   • story
사람들이 줄을 서 있는 중이야.

5 I'll tell you a _____ about a boy. •   • letter
내가 너에게 한 소년에 관한 이야기를 해 줄게.

166

C 우리말과 같은 뜻이 되도록 빈칸에 알맞은 단어를 보기에서 골라 쓰세요. ▶ 241032-0144

1 [　　　　　] on tight.
꽉 잡아.

2 I'm [　　　　　]ing for a hat.
전 모자를 찾고 있어요.

3 I'll take a [　　　　　] of you.
내가 너의 사진을 찍을게.

4 Can you [　　　　　] up this balloon?
너는 이 풍선을 불 수 있니?

5 Sean [　　　　　]d me to the party.
Sean이 나를 파티에 초대했어.

보기
blow
look
hold
photo
invite

D 우리말 뜻과 같도록 빈칸에 알맞은 단어를 보기에서 골라 쓰세요. ▶ 241032-0145

1 I'm in the _____ grade.
난 1학년이야.

2 I'm in the _____ grade.
난 3학년이야.

3 I'm in the _____ grade.
난 5학년이야.

4 I'm in the _____ grade.
난 6학년이야.

보기
sixth   third   fifth   first

167

Let's Save Money for a Rainy Day!

만일의 경우에 대비하여 돈을 모으자!

earn
벌다

allowance
용돈

plan
계획하다; 계획

spend
(돈을) 쓰다, (시간을) 보내다

용돈기입장			
날짜	수입	지출	통계
10/1	500		500
10/2	1,000	100	1,400

waste
낭비하다; 쓰레기

Don't waste!

money
돈

save
(돈을) 모으다, 아끼다, 구하다

promise
약속하다; 약속

thousand
1000, 천

hundred
100, 백

그림을 보면서 이야기를 읽고, 빈칸에 들어갈 말을 써 보세요.

펭수와 동생은 이번 달 저축 계획을 세우기로 했어요. 우선 ❶ _____ 을 벌기 위해 집안일을 돕기로 했어요. 필요한 물건 목록을 적어 낭비를 줄이고, 없는 물건은 서로 빌려주기로 ❷ _____ 했어요.

list 목록

coupon 쿠폰, 할인권

10 %

쇼핑목록
☐ 연필
☐ 지우개
☐
☐

lend 빌려주다

borrow 빌리다

정답 ❶ 용돈 ❷ 약속

단어를 들으며 세 번 따라 말하면서 네모에 체크(✓)하고, 두 번 써 보세요.

☐☐ list _____

☐☐ plan _____

☐☐ earn _____

☐☐ save _____

☐☐ money _____

☐☐ waste _____

☐☐ spend _____

☐☐ coupon _____

☐☐ lend _____

☐☐ borrow _____

☐☐ promise _____

☐☐ hundred _____

☐☐ thousand _____

☐☐ allowance _____

영어 단어와 문장을 들으면서 따라 써 보고, 우리말 뜻도 써 보세요.

list

목록

계획이 한 가지면 a plan,
두 가지 이상이면 plans를 써요.

plan

계획하다; 계획

earn

벌다

save

(돈을) 모으다, 아끼다, 구하다

money는 셀 수 없는 명사예요.

money

돈

waste

낭비하다; 쓰레기

과거형 spent도 같이 알아 두세요.

spend

(돈을) 쓰다, (시간을) 보내다

coupon

10%

쿠폰, 할인권

lend

빌려주다

borrow

빌리다

promise
약속하다; 약속

hundred
100, 백

thousand
1000, 천

만 원은 영어로 ten thousand won이라고 해요.

allowance
용돈

영국에서는 pocket money라고 해요.

💬 **Do you have any plans for the summer?**
너는 여름에 어떤 계획이 있니?

DAY 26

📖 **Save money for a rainy day!**
만일의 경우에 대비하여 돈을 모아라!

for a rainy day 만일의 경우에 대비하여, 꼭 필요한 때를 위해

💬 **Can I borrow your umbrella?**
내가 너의 우산을 빌릴 수 있을까?

A 들려주는 단어의 순서대로 번호를 쓰고, 빈칸에 단어를 쓰세요.

241032-0146

☐

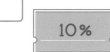
☐

☐

☐

B 그림에 알맞은 단어가 되도록 선을 연결하세요.

241032-0147

1 **100** · hun · · dred

2 **1000** · thou · · ance

3 · allow · · sand

C 우리말 뜻에 맞게 퍼즐의 빈칸에 알맞은 단어를 쓰세요.

241032-0148

가로
1 약속하다; 약속
4 벌다

세로
2 (돈을) 쓰다, (시간을) 보내다
3 낭비하다; 쓰레기

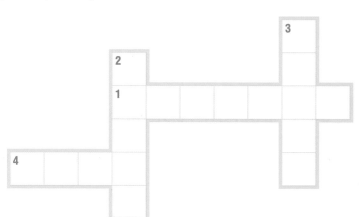

D 우리말과 같은 뜻이 되도록 빈칸에 알맞은 단어를 쓰세요. ▶ 241032-0149

1 Can I _____ your eraser?
내가 너의 지우개를 빌릴 수 있을까?

2 I'll _____ money for a rainy day.
나는 만약의 경우에 대비하여 돈을 모을 거야.

3 Do your parents give you an _____?
너의 부모님은 너에게 용돈을 주시니?

E 그림을 보고, 빈칸에 알맞은 말을 써서 문장을 완성하세요. ▶ 241032-0150

1

Do you have any _____s for the winter?
너는 겨울에 어떤 계획이 있니?

2

Can you _____ me this book?
너는 내게 이 책을 빌려줄 수 있니?

Let's Learn More   추가로 알아 두면 좋은 단어를 살펴봐요!

slowly vs. suddenly

펭수가 길가에 핀 꽃과 나비를 보면서 느리게 걷고 있었어요. 그런데 갑자기 비가 내리기 시작했어요. 단어 뒤에 -ly가 붙으면 ~하게라는 뜻이 되는데요. slow(느린)에 -ly가 붙어 **slowly**(느리게), sudden(갑작스러운)에 -ly가 붙어 **suddenly**(갑자기)와 같이 써요. 다음 빈칸에 알맞은 말을 써 보세요.

• _____, it rained. 갑자기 비가 내렸다.

• She walked _____. 그녀는 느리게 걸었다.

What a Great Idea!

정말 기발한 생각이야!

Step 1 Let's Look & Think

그림을 보면서 이야기를 읽고, 빈칸에 들어갈 말을 써 보세요.

펭수는 무슨 생각을 하고 있을까요? 펭수는 ❶ [   ] 에 갔던 기억이 났지만, 그 박물관의 이름은 잊어버렸어요. 펭수가 평소에 궁금해하는 ❷ [   ] 에 관한 곳이었을까요? 아니면, 과학에 관한 곳이었을까요?

decide
결정하다

perfect
완벽한, 완전한

universe
우주

think
(~라고) 생각하다

curious
궁금한, 호기심이 많은

agree
동의하다, 의견이 일치하다

idea
생각, 발상

hope
희망하다, 바라다; 희망

genius
천재

know
알다

believe
믿다

forget
잊다, 잊어버리다

museum
박물관

remember
기억하다, 기억나다

단어를 들으며 세 번 따라 말하면서 네모에 체크(✔)하고, 두 번 써 보세요.

- ☐ know
- ☐ hope
- ☐ agree
- ☐ think
- ☐ curious
- ☐ perfect
- ☐ genius
- ☐ idea
- ☐ museum
- ☐ universe
- ☐ forget
- ☐ decide
- ☐ believe
- ☐ remember

영어 단어와 문장을 들으면서 따라 써 보고, 우리말 뜻도 써 보세요.

know
알다

hope
희망하다, 바라다; 희망

↔ disagree 동의하지
않다. 의견이 다르다

agree
동의하다, 의견이 일치하다

think
(~라고) 생각하다

curious
궁금한, 호기심이 많은

perfect
완벽한, 완전한

genius
천재

idea
생각, 발상

museum
박물관

universe
우주

forget
물건을 잃어버린 경우는 lose를 써요.

잊다, 잊어버리다

decide
결정하다

believe
믿다

remember
기억하다, 기억나다

📖 **Do you agree with me?**
agree with ~에 동의하다

너는 나에게 동의하니?

💬 **I forgot his name.**
forget(잊다)의 과거형은 forgot이에요.

나는 그의 이름을 잊어버렸어.

💬 **Do you remember me?**

너는 나를 기억하니?

DAY 27

Step 4 / Let's Practice

A 들려주는 단어의 순서대로 번호를 쓰고, 빈칸에 단어를 쓰세요.

 241032-0151

☐ 　　☐ 　　☐ 　　☐

_____　_____　_____　_____

B 다음 단어 퀴즈에서 철자를 바르게 고쳐 쓰세요.

241032-0152

단어 퀴즈		
1	기억하다, 기억나다	rimember
2	알다	now
3	(~라고) 생각하다	thingk
4	천재	jenius

바르게 고치기

C 우리말 뜻에 맞는 단어를 찾아 동그라미 하고 빈칸에 쓰세요.

241032-0153

가로
1 결정하다
2 완벽한, 완전한

세로
3 희망하다
4 박물관

a	g	t	r	e	h	k	m
o	e	w	h	a	o	j	u
y	d	n	m	u	p	q	s
d	e	c	i	d	e	r	e
e	n	k	u	r	l	s	u
p	e	r	f	e	c	t	m

1 _____

2 _____

3 _____

4 _____

D 그림을 알맞게 표현한 문장에 체크(✓)하세요.　　　　　　　　▶ 241032-0154

1

☐ I lost my wallet after school.
☐ I forgot to close the window.

2

☐ I agree with you.
☐ I disagree with you.

E 우리말과 같은 뜻이 되도록 단어를 배열하여 문장을 완성하세요.　　　　　▶ 241032-0155

1 나는 너의 이름을 기억해.　　your, remember, I, name

➡ _____

2 너는 그의 주소를 아니?　　know, you, address, his, do

➡ _____

DAY 27

---

^{Let's} **Learn More**　　추가로 알아 두면 좋은 단어를 살펴봐요!

walk a dog vs. *take a walk*

펭수가 공원에서 개를 산책시키고 있는데 산책하는 사람들이 많이 보이네요. **개를 산책시키다**는 *walk a dog*, **산책하다**는 *take a walk*로 쓰면 돼요. 다음 빈칸에 알맞은 말을 써 보세요.

• I _____ my dog twice a day. 나는 하루에 두 번 내 개를 산책시킨다.

• Let's _____ a walk. 우리 산책하자.

Toast the Bread!

빵을 구워라!

sugar
설탕

pan
(손잡이가 달린 얕은) 팬

bowl
(우묵한) 그릇

jam
잼

butter
버터

① Add eggs, milk, sugar to a bowl.
add
첨가하다, 더하다

② Mix them well.
mix
섞다

③ Put the bread into the bowl.
put
넣다, 놓다

④ Toast the bread.
toast
굽다; 토스트

⑤ Cut the bread in half.
cut
자르다

⑥ Spread the butter and enjoy.
spread
(얇게 펴서) 바르다

Step 1 Let's Look & Think

그림을 보면서 이야기를 읽고, 빈칸에 들어갈 말을 써 보세요.

펭수는 누나와 함께 프렌치토스트를 만들고 있어요. 펭수 누나는 조리법을 보고 있고, 펭수가 그릇에 담긴 것을 섞고 있어요. 펭수 누나가 보고 있는 조리법대로 ❶ [ ] 에 구워서 버터나 ❷ [ ] 잼을 바르면 맛있는 토스트가 완성되겠죠?

plate
(납작하고 주로 둥근) 접시

oven
오븐

sweet
단, 달콤한

Step 2 Let's Listen & Speak

단어를 들으며 세 번 따라 말하면서 네모에 체크(✔)하고, 두 번 써 보세요.

- □ pan
- □ oven
- □ bowl
- □ plate
- □ jam
- □ butter
- □ sugar
- □ add
- □ mix
- □ put
- □ toast
- □ cut
- □ spread
- □ sweet

영어 단어와 문장을 들으면서 따라 써 보고, 우리말 뜻도 써 보세요.

pan

(손잡이가 달린 얕은) 팬

> 둥글고 속이 깊은 냄비는 pot이에요.

oven

오븐

bowl

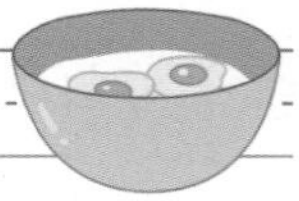

(우묵한) 그릇

plate

(납작하고 주로 둥근) 접시

jam

잼

> 딸기잼은 strawberry jam으로 써요.

butter

버터

> 땅콩버터는 peanut butter예요.
> 요리할 때 쓰는 oil(기름)도 알아 두세요.

sugar

설탕

> salt(소금), pepper(후추)도
> 함께 알아 두세요.

add

첨가하다, 더하다

mix

섞다

put

넣다, 놓다

toast
굽다; 토스트

fry(튀기다), boil(끓이다)도 함께 알아 두세요.

cut
자르다

spread
(얇게 펴서) 바르다

sweet
단, 달콤한

salty(짠, 짭짤한)도 함께 알아 두세요.

There is bread on the plate.
접시 위에 빵이 있어.

Mix sugar and butter together.
설탕과 버터를 함께 섞어라.

Can you cut this carrot in half?
너는 이 당근을 반으로 자를 수 있니?

cf. slice 얇게 자르다

DAY 28

Step 4 Let's Practice

A 들려주는 단어의 순서대로 번호를 쓰고, 빈칸에 단어를 쓰세요.   ▶ 241032-0156

☐ 　　☐ 　　☐ 　　☐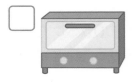

☐　　　　　　☐　　　　　　☐　　　　　　☐

B 단어 카드에 적힌 우리말 뜻에 맞는 단어를 보기에서 찾아 쓰세요. ▶ 241032-0157

보기
| put | sugar | sweet | plate |

1 [　　　　]
단, 달콤한

2 [　　　　]
넣다, 놓다

3 [　　　　]
설탕

4 [　　　　]
(납작하고 주로 둥근)
접시

C 나열된 철자의 순서를 바로잡아 조리법과 관련한 단어를 완성하세요. ▶ 241032-0158

1 d a d 　　_____

2 i m x 　　_____

3 o t a t s 　　_____

4 e s a p d r 　　_____

D 우리말과 같은 뜻이 되도록 빈칸에 알맞은 단어를 쓰세요.
241032-0159

1 Take the pizza out of the _____ .
오븐에서 피자를 꺼내라.

2 There are sandwiches on the _____ .
접시 위에 샌드위치가 있어.

3 Spread _____ on the bread.
빵에 버터를 발라라.

E 그림을 보고, 빈칸에 알맞은 말을 써서 문장을 완성하세요.
241032-0160

1 First, _____ the apple in half.
먼저, 사과를 반으로 잘라라.
Okay!
응!

2 Can you _____ more sugar, please?
설탕을 더 첨가해 줄 수 있어요?
Sure.
그럼요.

Let's Learn More 추가로 알아 두면 좋은 단어를 살펴봐요!

boil vs. **fry**

펭수가 엄마와 함께 주방에 있어요. 엄마가 물을 끓이고 생선을 튀기고 계시네요. 무슨 요리를 하고 계실까요? 끓이다(삶다)는 boil, 튀기다(볶다)는 fry를 쓰면 돼. 다음 빈칸에 알맞은 말을 써 보세요.

• The water is _____ing. 물이 끓고 있다.

• _____ the potatoes for 2 minutes. 감자를 2분 동안 튀겨라.

DAY 29 Watch the News!

뉴스를 봐!

use
이용하다, 쓰다

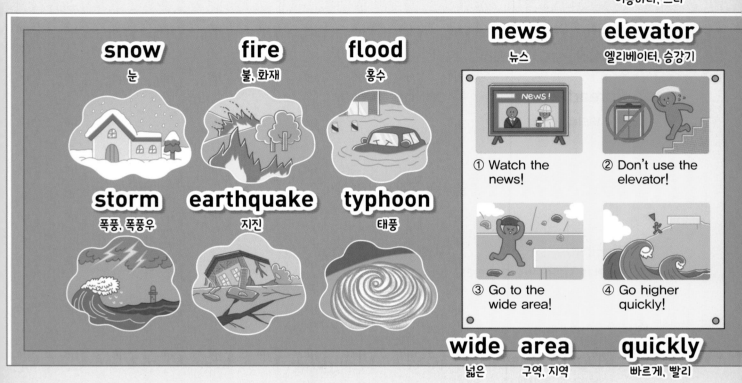

snow
눈

fire
불, 화재

flood
홍수

storm
폭풍, 폭풍우

earthquake
지진

typhoon
태풍

news
뉴스

elevator
엘리베이터, 승강기

① Watch the news!

② Don't use the elevator!

③ Go to the wide area!

④ Go higher quickly!

wide
넓은

area
구역, 지역

quickly
빠르게, 빨리

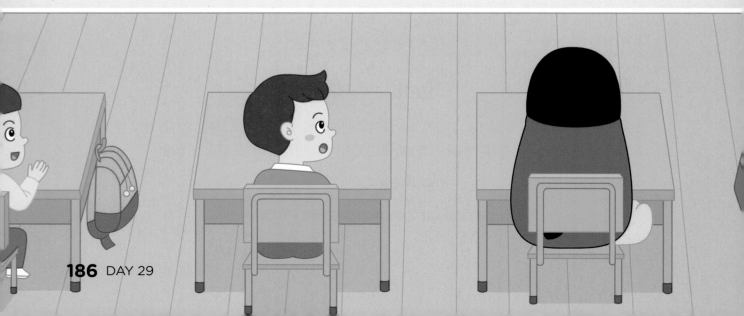

그림을 보면서 이야기를 읽고, 빈칸에 들어갈 말을 써 보세요.

펭수네 반에서는 안전 교육 시간에 자연재해에 대해 배우고 있어요. ❶ [   ] 에 나오는 지진이나 태풍 소식을 잘 듣고 대비해야 하고요, 건물 밖으로 대피할 때는 ❷ [   ] 말고 계단을 이용해야 해요. 펭수와 반 친구들 모두 잘 배웠지요?

Safe rules.

safe
안전한

exit
출구

정답 ❶ 뉴스 ❷ 엘리베이터

단어를 들으며 세 번 따라 말하면서 네모에 체크(✔)하고, 두 번 써 보세요.

- ☐☐ snow
- ☐☐ fire
- ☐☐ flood
- ☐☐ storm
- ☐☐ earthquake
- ☐☐ typhoon
- ☐☐ area
- ☐☐ use
- ☐☐ exit
- ☐☐ safe
- ☐☐ news
- ☐☐ wide
- ☐☐ quickly
- ☐☐ elevator

영어 단어와 문장을 들으면서 따라 써 보고, 우리말 뜻도 써 보세요.

---

snow
> 폭설은
> heavy snow라고 해요.

눈

---

fire
> 산불은 forest fire라고 써요.

불, 화재

---

flood

홍수

---

storm
> 천둥을 동반한 폭풍우는
> thunderstorm으로 써요.

폭풍, 폭풍우

---

earthquake

지진

---

typhoon

태풍

---

area

구역, 지역

---

use

이용하다, 쓰다

---

exit
> entrance 입구

출구

---

safe
> ↔ dangerous 위험한

안전한

news
뉴스

wide
넓은

↔ narrow 좁은

quickly
빠르게, 빨리

↔ slowly 느리게

elevator
엘리베이터, 승강기

take the elevator(엘리베이터를 타다)를 알아 두세요.

💬 **Are you afraid of fire?**
너는 불을 무서워하니?

be afraid of ~을 무서워하다

💬 **The typhoon is coming here.**
태풍이 여기로 오고 있어.

💬 **Can I use your phone?**
제가 당신의 전화를 써도 되나요?

A 들려주는 단어의 순서대로 번호를 쓰고, 빈칸에 단어를 쓰세요. ▶ 241032-0161

☐  ☐  ☐  ☐

_____ _____ _____ _____

B 우리말 뜻에 맞는 단어가 되도록 철자의 순서를 바로잡아 단어를 완성하세요. ▶ 241032-0162

1 눈   n s w o   ➜ _____

2 뉴스   w n e s   ➜ _____

3 지진   e q k t u e a a r h   ➜ _____

C 우리말 뜻에 맞게 퍼즐의 빈칸에 알맞은 단어를 쓰세요. ▶ 241032-0163

가로

1 빠르게, 빨리

3 안전한

세로

2 넓은

4 구역, 지역

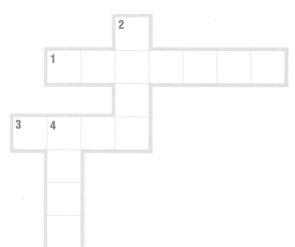

D 그림을 알맞게 표현한 문장에 체크(✔)하세요. 241032-0164

1
☐ The typhoon is coming.
☐ Heavy snow is coming.

2
☐ Don't take the elevator in case of fire.
☐ Don't take the stairs in case of fire.

E 우리말과 같은 뜻이 되도록 단어를 배열하여 문장을 완성하세요. 241032-0165

1 제가 당신의 컴퓨터를 써도 되나요?   I, computer, use, your, can

2 대부분의 동물들은 불을 무서워해.   are, afraid, most, fire, of, animals

Let's **Learn More**   추가로 알아 두면 좋은 단어를 살펴봐요!

hopeful vs. colorful

미래에 대해 희망찬 펭수는 여러 가지 다양한 색을 사용해서 아름다운 꽃들을 가득 그렸어요. 단어 뒤에 -ful이 붙으면 ~로 가득 찬 또는 ~이 풍부한이라는 뜻이 되는데요, hope(희망)에 -ful이 붙어 hopeful(희망찬), color(색)에 -ful이 붙어 colorful(색채가 풍부한)과 같이 써요. 다음 빈칸에 알맞은 말을 써 보세요.

• We are _____ about the future. 우리는 미래에 대해 희망적이다.

• Look at these _____ flowers. 이 색채가 풍부한 꽃들을 봐.

DAY 29

DAY 30 Let's Save the Earth!

지구를 구하자!

global warming
지구 온난화

serious
심각한

energy
에너지

worse
더 나쁜, 더 심한

warn
경고하다

problem
문제

Earth
지구

Save the Earth!

pollution
오염

Stop pollution!

☆ **important**
중요한

recycle
재활용하다

reuse
재사용하다

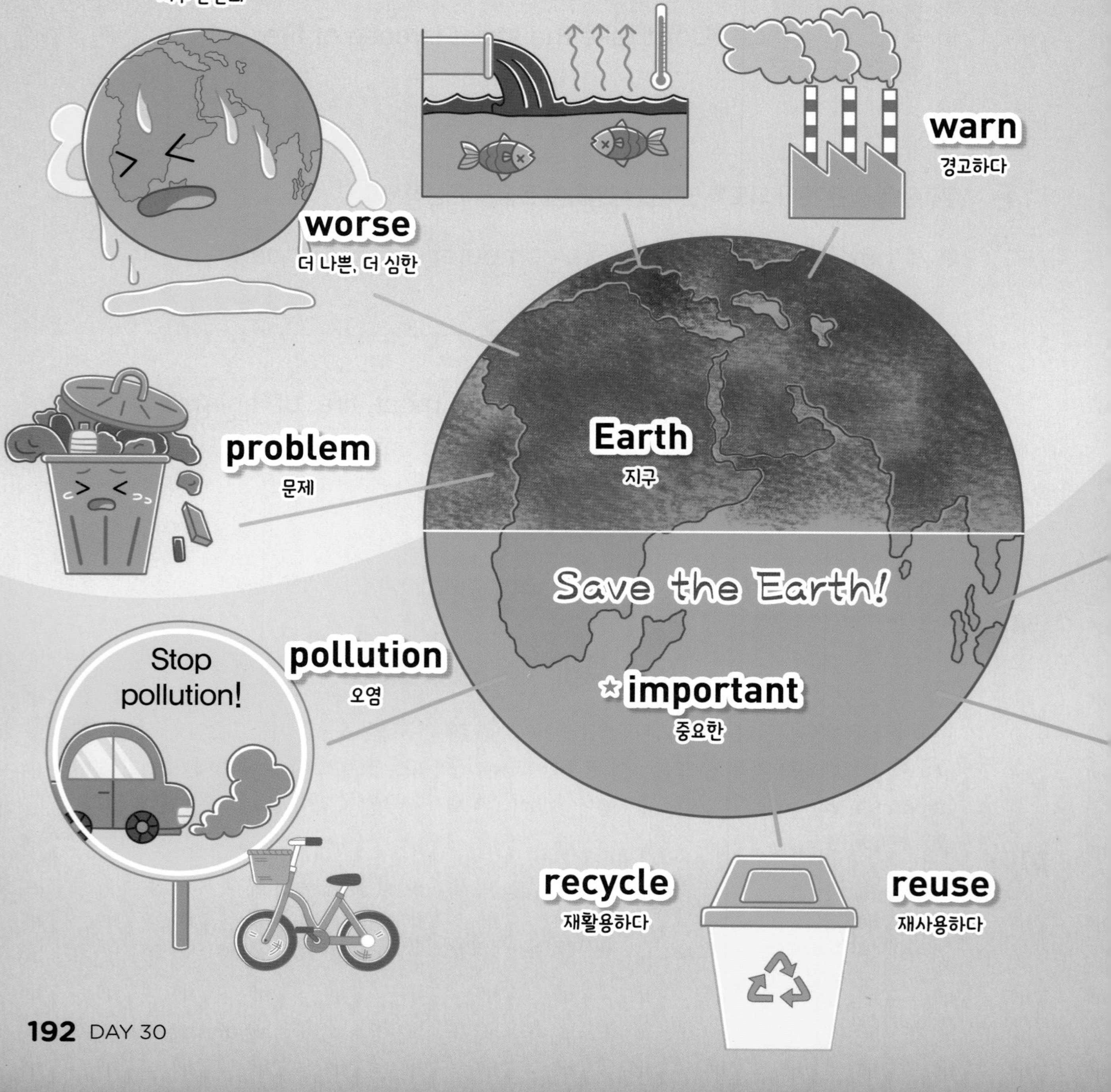

그림을 보면서 이야기를 읽고, 빈칸에 들어
갈 말을 써 보세요.

지구가 점점 더워지고, 동물들의 살 곳이 줄어
들고 있어요. 쓰레기도 많아지고, 공기나 물도
① [   ] 되고 있어요. 위기에 처한 지
구를 지키기 위해 펭수는 쓰레기를 재사용하거
나 ② [   ] 할 거예요. 여러분도 펭수
처럼 지구 지킴이가 되어 주세요!

Grow
more trees!
grow
키우다, 자라다

Protect nature!

protect
보호하다, 지키다

pick up
~을 줍다

정답 ① 영어 ② 재활용

단어를 들으며 세 번 따라 말하면서 네모에 체크(✔)하고,
두 번 써 보세요.

- ☐☐ warn
- ☐☐ Earth
- ☐☐ pollution
- ☐☐ worse
- ☐☐ serious
- ☐☐ problem
- ☐☐ global warming
- ☐☐ grow
- ☐☐ recycle
- ☐☐ reuse
- ☐☐ pick up
- ☐☐ protect
- ☐☐ energy
- ☐☐ important

영어 단어와 문장을 들으면서 따라 써 보고, 우리말 뜻도 써 보세요.

warn
경고하다

Earth
지구

> 행성을 뜻할 때는 첫 글자를 대문자로 써요.

pollution
오염

> air pollution(공기 오염), water pollution(수질 오염)도 함께 알아 두세요.

worse
더 나쁜, 더 심한

serious
심각한

problem
문제

global warming
지구 온난화

grow
키우다, 자라다

recycle
재활용하다

reuse
재사용하다

pick up
~을 줍다

pick up the trash(쓰레기를 줍다)를 기억해 두세요.

protect
보호하다, 지키다

energy
에너지

solar energy(태양 에너지), nuclear energy(핵에너지)도 알아 두세요.

important
중요한

Water pollution is getting worse.
수질 오염이 더 심해지고 있어.

get worse 더 심해지다

We can recycle cans and bottles.
우리는 캔과 병을 재활용할 수 있어.

We should protect wild animals.
우리는 야생 동물들을 보호해야 해.

should ~해야 한다

DAY 30

A 들려주는 단어의 순서대로 번호를 쓰고, 빈칸에 단어를 쓰세요.

 241032-0166

☐ 　　☐ 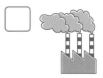　　☐ 　　☐

[　　　]　　[　　　]　　[　　　]　　[　　　]

B 다음 단어 퀴즈에서 철자를 바르게 고쳐 쓰세요.

241032-0167

단어 퀴즈		바르게 고치기
1 경고하다	worn	
2 오염	polution	
3 키우다, 자라다	grou	
4 보호하다, 지키다	protet	

C 우리말 뜻에 맞게 퍼즐의 빈칸에 알맞은 단어를 쓰세요.

241032-0168

가로

1 중요한

4 심각한

세로

2 문제

3 더 나쁜, 더 심한

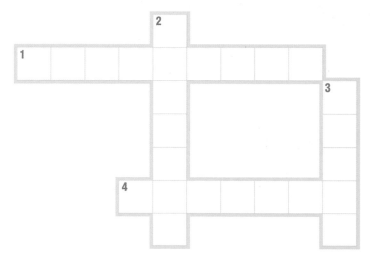

D 우리말과 같은 뜻이 되도록 빈칸에 알맞은 단어를 쓰세요.　　241032-0169

1 We should _____ the Earth.　우리는 지구를 보호해야 해.

2 _____ is getting worse.　지구 온난화가 점점 더 심해지고 있어.

3 We can _____ plastic.　우리는 플라스틱을 재사용할 수 있어.

E 우리말과 같은 뜻이 되도록 단어를 배열하여 문장을 완성하세요.　241032-0170

1 우리는 에너지를 절약해야 해.　energy, should, we, save

➡ _____

2 공기 오염이 더 심해지고 있어.　is, worse, air, pollution, getting

➡ _____

Let's Learn More　추가로 알아 두면 좋은 단어를 살펴봐요!

unfold vs. unlock

펭수가 색종이로 무엇인가를 접기 위해 종이를 접었다가 펼쳤다가 하고 있어요. 단어 앞에 **un-**이 붙으면 **반대의 뜻**이 되는데요. fold(접다)에 un-이 붙어 **unfold(펴다, 펼치다)**, lock(잠그다)에 un-이 붙어 **unlock(열다)**과 같이 써요. 다음 빈칸에 알맞은 말을 써 보세요.

• Fold the paper in half and then _____ it again.
　종이를 반으로 접었다가 그것을 다시 펴라.

• I can't _____ the door with this key. 나는 이 열쇠로 문을 열 수가 없어.

A 영어 단어에는 우리말 뜻을, 우리말 뜻에는 영어 단어를 쓰세요. ▶ 241032-0171

1 list		11 빌려주다	
2 plan		12 백, 100	
3 thousand		13 희망하다; 희망	
4 think		14 우주	
5 museum		15 접시	
6 bowl		16 단, 달콤한	
7 fire		17 지진	
8 typhoon		18 안전한	
9 pollution		19 문제	
10 protect		20 재활용하다	

B 우리말과 같은 뜻이 되도록 빈칸에 알맞은 단어를 찾아 연결하세요. ▶ 241032-0172

1 Whose _____ is it? • • jam
그것은 누구의 생각이니?

2 I have a great _____. • • idea
내게 좋은 계획이 있어.

3 Einstein was a _____. • • plan
아인슈타인은 천재였어.

4 Spread _____ on the bread. • • floods
빵에 잼을 발라.

5 The heavy rain caused _____. • • genius
그 폭우가 홍수를 일으켰어.

198

C 우리말과 같은 뜻이 되도록 빈칸에 알맞은 단어를 보기에서 골라 쓰세요. ▶ 241032-0173

1 Please _____ quickly!
빠르게 달려 주세요!

2 Do you _____ money?
너는 돈을 모으니?

3 Can I _____ your pencil?
내가 너의 연필을 빌릴 수 있을까?

4 You choose. I can't _____. 네가 선택해, 나는 결정할 수가 없어.

5 Try to _____ your money wisely. 너의 돈을 현명하게 쓰도록 노력해라.

보기

run
save
spend
decide
borrow

D 우리말 뜻과 같도록 빈칸에 알맞은 단어를 보기에서 골라 쓰세요. ▶ 241032-0174

Can you make lemonade?

1 _____ a lemon in half.
레몬을 반으로 잘라라.

2 Squeeze the lemon and _____ it in a cup.
레몬을 짜서 그것을 컵에 넣어라.

3 _____ water and sugar.
물과 설탕을 더해라.

4 _____ it well.
그것을 잘 섞어라.

보기
add   cut   mix   put

199

MEMO

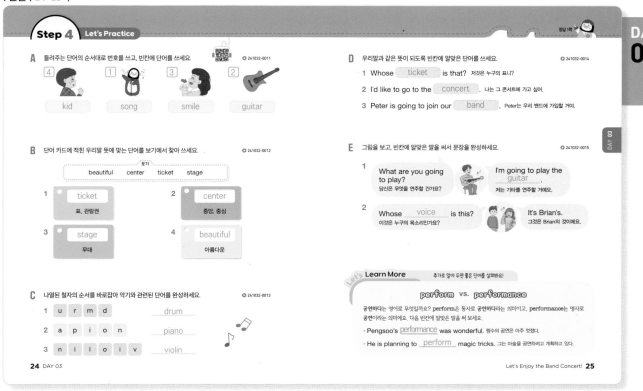

Step 4 Let's Practice

정답 1쪽

A 들려주는 단어의 순서대로 번호를 쓰고, 빈칸에 단어를 쓰세요. 241032-0011

[4] kid   [1] song   [3] smile   [2] guitar

B 단어 카드에 적힌 우리말 뜻에 맞는 단어를 보기에서 찾아 쓰세요. 241032-0012

보기
beautiful center ticket stage

1 ticket 표, 관람권
2 center 중앙, 중심
3 stage 무대
4 beautiful 아름다운

C 나열된 철자의 순서를 바로잡아 악기와 관련된 단어를 완성하세요. 241032-0013

1 u r m d → drum
2 a p i o n → piano
3 n i l o i v → violin

D 우리말과 같은 뜻이 되도록 빈칸에 알맞은 단어를 쓰세요. 241032-0014

1 Whose ticket is that? 저것은 누구의 표니?
2 I'd like to go to the concert . 나는 그 콘서트에 가고 싶어.
3 Peter is going to join our band . Peter는 우리 밴드에 가입할 거야.

E 그림을 보고, 빈칸에 알맞은 말을 써서 문장을 완성하세요. 241032-0015

1 What are you going to play? 당신은 무엇을 연주할 건가요?
I'm going to play the guitar . 저는 기타를 연주할 거예요.

2 Whose voice is this? 이것은 누구의 목소리인가요?
It's Brian's. 그것은 Brian의 것이에요.

Learn More 추가로 알아 두면 좋은 단어를 살펴봐요!

perform vs. **performance**

공연하다는 영어로 무엇일까요? perform은 동사로 공연하다라는 의미이고, performance는 명사로 공연이라는 의미예요. 다음 빈칸에 알맞은 말을 써 보세요.

• Pengsoo's performance was wonderful. 펭수의 공연은 아주 멋졌다.
• He is planning to perform magic tricks. 그는 마술을 공연하려고 계획하고 있다.

24 DAY 03   Let's Enjoy the Band Concert! 25

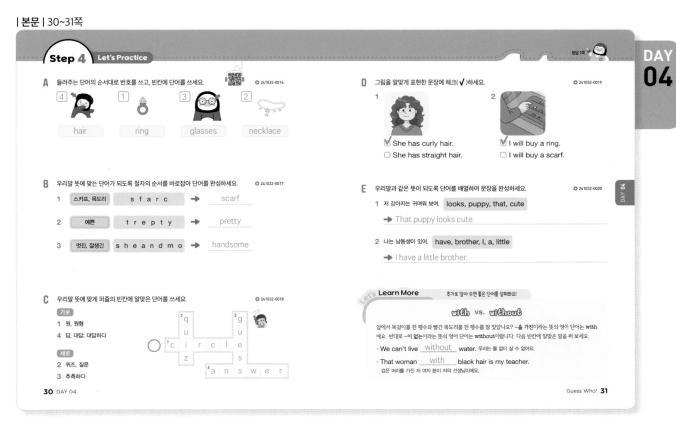

Step 4 Let's Practice

정답 1쪽

A 들려주는 단어의 순서대로 번호를 쓰고, 빈칸에 단어를 쓰세요. 241032-0016

[4] hair   [1] ring   [3] glasses   [2] necklace

B 우리말 뜻에 맞는 단어가 되도록 철자의 순서를 바로잡아 단어를 완성하세요. 241032-0017

1 스카프, 목도리 s f a r c → scarf
2 예쁜 t r e p t y → pretty
3 멋진, 잘생긴 s h e a n d m o → handsome

C 우리말 뜻에 맞게 퍼즐의 빈칸에 알맞은 단어를 쓰세요. 241032-0018

가로
1 원, 원형
4 답, 대답; 대답하다

세로
2 퀴즈, 질문
3 추측하다

² q
³ g
¹ c i r c l e
u
z
s
⁴ a n s w e r

D 그림을 알맞게 표현한 문장에 체크(✓)하세요. 241032-0019

1 ☑ She has curly hair.
☐ She has straight hair.

2 ☑ I will buy a ring.
☐ I will buy a scarf.

E 우리말과 같은 뜻이 되도록 단어를 배열하여 문장을 완성하세요. 241032-0020

1 저 강아지는 귀여워 보여. looks, puppy, that, cute
→ That puppy looks cute.

2 나는 남동생이 있어. have, brother, I, a, little
→ I have a little brother.

Learn More 추가로 알아 두면 좋은 단어를 살펴봐요!

with vs. **without**

앞에서 목걸이를 한 펭수와 빨간 목도리를 한 펭수를 잘 찾았나요? ~을 가진이라는 뜻의 영어 단어는 with 에요. 반대로 ~이 없는이라는 뜻의 영어 단어는 without이랍니다. 다음 빈칸에 알맞은 말을 써 보세요.

• We can't live without water. 우리는 물 없이 살 수 없어요.
• That woman with black hair is my teacher. 검은 머리를 가진 저 여자 분이 제 선생님이에요.

30 DAY 04   Guess Who! 31

정답 **1**

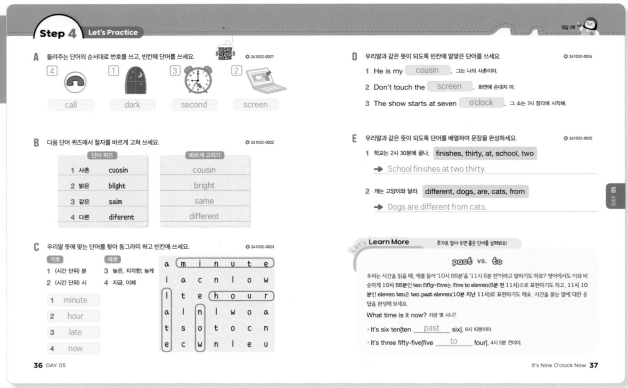

DAY 05

Step 4　Let's Practice

정답 2쪽

A 들려주는 단어의 순서대로 번호를 쓰고, 빈칸에 단어를 쓰세요.　241032-0021

4 (ear image)　call
1 (moon/door image)　dark
3 (clock image)　second
2 (laptop image)　screen

B 다음 단어 퀴즈에서 철자를 바르게 고쳐 쓰세요.　241032-0022

단어 퀴즈		바르게 고치기
1 사촌	cuosin	cousin
2 밝은	blight	bright
3 같은	saim	same
4 다른	diferent	different

C 우리말 뜻에 맞는 단어를 찾아 동그라미 하고 빈칸에 쓰세요.　241032-0023

가로
1 (시간 단위) 분
2 (시간 단위) 시

세로
3 늦은, 지각한; 늦게
4 지금, 이제

a	m	i	n	u	t	e
i	a	c	n	l	o	w
l	t	e	h	o	u	r
a	l	n	l	w	o	a
t	s	o	t	o	c	n
e	c	w	n	l	e	u

1 minute
2 hour
3 late
4 now

D 우리말과 같은 뜻이 되도록 빈칸에 알맞은 단어를 쓰세요.　241032-0024

1 He is my　cousin　. 그는 나의 사촌이야.
2 Don't touch the　screen　. 화면에 손대지 마.
3 The show starts at seven　o'clock　. 그 쇼는 7시 정각에 시작해.

E 우리말과 같은 뜻이 되도록 단어를 배열하여 문장을 완성하세요.　241032-0025

1 학교는 2시 30분에 끝나. finishes, thirty, at, school, two
➡ School finishes at two thirty.

2 개는 고양이와 달라. different, dogs, are, cats, from
➡ Dogs are different from cats.

Let's Learn More 추가로 알아 두면 좋은 단어를 살펴봐요!

past vs. to

우리는 시간을 읽을 때, 예를 들어 '10시 55분'을 '11시 5분 전'이라고 말하기도 하죠? 영어에서도 이와 비슷하게 10시 55분인 ten fifty-five는 five to eleven(5분 전 11시)으로 표현하기도 하고, 11시 10분인 eleven ten은 ten past eleven(10분 지난 11시)로 표현하기도 해요. 시간을 묻는 말에 대한 응답을 완성해 보세요.

What time is it now? 지금 몇 시야?

• It's six ten[ten　past　six]. 6시 10분이야.
• It's three fifty-five[five　to　four]. 4시 5분 전이야.

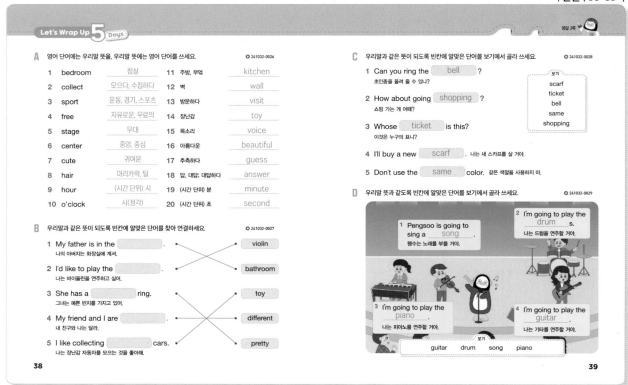

Let's Wrap Up 5 Days

정답 2쪽

A 영어 단어에는 우리말 뜻을, 우리말 뜻에는 영어 단어를 쓰세요.　241032-0026

1	bedroom	침실	11	주방, 부엌	kitchen
2	collect	모으다, 수집하다	12	벽	wall
3	sport	운동, 경기, 스포츠	13	방문하다	visit
4	free	자유로운, 무료의	14	장난감	toy
5	stage	무대	15	목소리	voice
6	center	중앙, 중심	16	아름다운	beautiful
7	cute	귀여운	17	추측하다	guess
8	hair	머리카락, 털	18	답, 대답; 대답하다	answer
9	hour	(시간 단위) 시	19	(시간 단위) 분	minute
10	o'clock	시(정각)	20	(시간 단위) 초	second

B 우리말과 같은 뜻이 되도록 빈칸에 알맞은 단어를 찾아 연결하세요.　241032-0027

1 My father is in the _____.
나의 아버지는 화장실에 계셔.

2 I'd like to play the _____.
나는 바이올린을 연주하고 싶어.

3 She has a _____ ring.
그녀는 예쁜 반지를 가지고 있어.

4 My friend and I are _____.
내 친구와 나는 달라.

5 I like collecting _____ cars.
나는 장난감 자동차를 모으는 것을 좋아해.

• violin
• bathroom
• toy
• different
• pretty

C 우리말과 같은 뜻이 되도록 빈칸에 알맞은 단어를 보기에서 골라 쓰세요.　241032-0028

1 Can you ring the　bell　?
초인종을 울려 줄 수 있니?

2 How about going　shopping　?
쇼핑 가는 게 어때?

3 Whose　ticket　is this?
이것은 누구의 표니?

4 I'll buy a new　scarf　. 나는 새 스카프를 살 거야.

5 Don't use the　same　color. 같은 색깔을 사용하지 마.

보기
scarf
ticket
bell
same
shopping

D 우리말 뜻과 같도록 빈칸에 알맞은 단어를 보기에서 골라 쓰세요.　241032-0029

1 Pengsoo is going to sing a　song　.
펭수는 노래를 부를 거야.

2 I'm going to play the　drum　s.
나는 드럼을 연주할 거야.

3 I'm going to play the　piano　.
나는 피아노를 연주할 거야.

4 I'm going to play the　guitar　.
나는 기타를 연주할 거야.

보기
guitar　drum　song　piano

2 정답

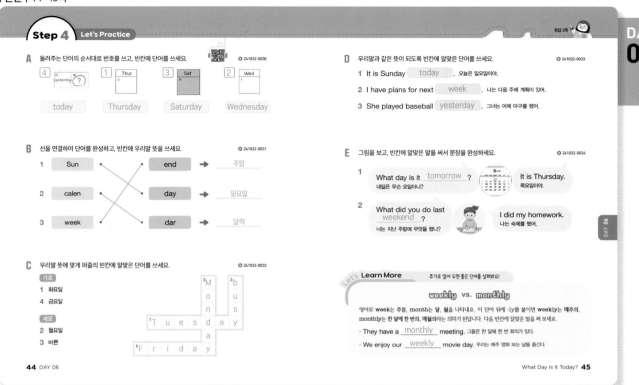

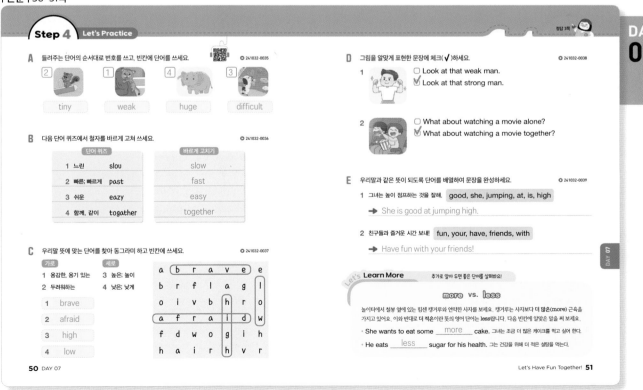

Step 4 Let's Practice

정답 3쪽

DAY 06

A 들려주는 단어의 순서대로 번호를 쓰고, 빈칸에 단어를 쓰세요. 241032-0030

4 yesterday (?) | 1 Thur | 3 Sat | 2 Wed

today | Thursday | Saturday | Wednesday

B 선을 연결하여 단어를 완성하고, 빈칸에 우리말 뜻을 쓰세요. 241032-0031

1 Sun — end → 주말
2 calen — day → 일요일
3 week — dar → 달력

C 우리말 뜻에 맞게 퍼즐의 빈칸에 알맞은 단어를 쓰세요. 241032-0032

가로
1 화요일
4 금요일

세로
2 월요일
3 바쁜

²M ³b
o u
n s
¹T u e s d a y
a
⁴F r i d a y

D 우리말과 같은 뜻이 되도록 빈칸에 알맞은 단어를 쓰세요. 241032-0033

1 It is Sunday today . 오늘은 일요일이야.
2 I have plans for next week . 나는 다음 주에 계획이 있어.
3 She played baseball yesterday . 그녀는 어제 야구를 했어.

E 그림을 보고, 빈칸에 알맞은 말을 써서 문장을 완성하세요. 241032-0034

1 What day is it tomorrow ? 내일은 무슨 요일이니? — It is Thursday. 목요일이야.

2 What did you do last weekend ? 너는 지난 주말에 무엇을 했니? — I did my homework. 나는 숙제를 했어.

Let's Learn More 추가로 알아 두면 좋은 단어를 살펴봐요!

weekly vs. monthly

영어로 week는 주를, month는 달, 월을 나타내요. 이 단어 뒤에 -ly를 붙이면 weekly는 매주의, monthly는 한 달에 한 번의, 매월의라는 의미가 된답니다. 다음 빈칸에 알맞은 말을 써 보세요.
• They have a monthly meeting. 그들은 한 달에 한 번 회의가 있다.
• We enjoy our weekly movie day. 우리는 매주 영화 보는 날을 즐긴다.

44 DAY 06

What Day Is It Today? **45**

Step 4 Let's Practice

정답 3쪽

DAY 07

A 들려주는 단어의 순서대로 번호를 쓰고, 빈칸에 단어를 쓰세요. 241032-0035

2 | 1 | 4 | 3

tiny | weak | huge | difficult

B 다음 단어 퀴즈에서 철자를 바르게 고쳐 쓰세요. 241032-0036

단어 퀴즈		바르게 고치기
1 느린	slou	slow
2 빠른; 빠르게	past	fast
3 쉬운	eazy	easy
4 함께, 같이	togather	together

C 우리말 뜻에 맞는 단어를 찾아 동그라미 하고 빈칸에 쓰세요. 241032-0037

가로
1 용감한, 용기 있는
2 두려워하는

세로
3 높은; 높이
4 낮은; 낮게

a b r a v e e
b r f l a g l
o i v b h r o
a f r a i d w
f d w o g i h
h a i r h v r

1 brave
2 afraid
3 high
4 low

D 그림을 알맞게 표현한 문장에 체크(✓)하세요. 241032-0038

1 ☐ Look at that weak man.
✓ Look at that strong man.

2 ☐ What about watching a movie alone?
✓ What about watching a movie together?

E 우리말과 같은 뜻이 되도록 단어를 배열하여 문장을 완성하세요. 241032-0039

1 그녀는 높이 점프하는 것을 잘해. good, she, jumping, at, is, high
→ She is good at jumping high.

2 친구들과 즐거운 시간 보내! fun, your, have, friends, with
→ Have fun with your friends!

Let's Learn More 추가로 알아 두면 좋은 단어를 살펴봐요!

more vs. less

놀이터에서 철봉 옆에 있는 힘센 캥거루와 연약한 사자를 보세요. 캥거루는 사자보다 더 많은(more) 근육을 가지고 있어요. 이와 반대로 더 적은이란 뜻의 영어 단어는 less랍니다. 다음 빈칸에 알맞은 말을 써 보세요.
• She wants to eat some more cake. 그녀는 조금 더 많은 케이크를 먹고 싶어 한다.
• He eats less sugar for his health. 그는 건강을 위해 더 적은 설탕을 먹는다.

50 DAY 07

Let's Have Fun Together! **51**

정답 **3**

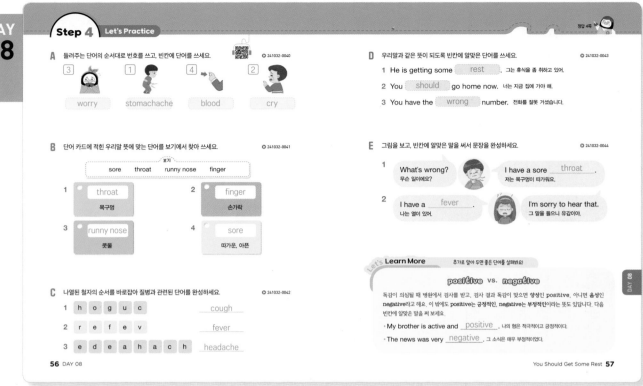

DAY 08 — Step 4 Let's Practice

A 들려주는 단어의 순서대로 번호를 쓰고, 빈칸에 단어를 쓰세요. 241032-0040

3 worry 1 stomachache 4 blood 2 cry

B 단어 카드에 적힌 우리말 뜻에 맞는 단어를 보기에서 찾아 쓰세요. 241032-0041

보기: sore   throat   runny nose   finger

1 throat 목구멍
2 finger 손가락
3 runny nose 콧물
4 sore 따가운, 아픈

C 나열된 철자의 순서를 바로잡아 질병과 관련된 단어를 완성하세요. 241032-0042

1 h o g u c → cough
2 r e f e v → fever
3 e d e a h a c h → headache

D 우리말과 같은 뜻이 되도록 빈칸에 알맞은 단어를 쓰세요. 241032-0043

1 He is getting some rest . 그는 휴식을 좀 취하고 있어.
2 You should go home now. 너는 지금 집에 가야 해.
3 You have the wrong number. 전화를 잘못 거셨습니다.

E 그림을 보고, 빈칸에 알맞은 말을 써서 문장을 완성하세요. 241032-0044

1 What's wrong? 무슨 일이에요? — I have a sore throat . 저는 목구멍이 따가워요.
2 I have a fever . 나는 열이 있어. — I'm sorry to hear that. 그 말을 들으니 유감이야.

Let's Learn More 추가로 알아 두면 좋은 단어를 살펴봐요!

positive vs. negative

독감이 의심될 때 병원에서 검사를 받고, 검사 결과 독감이 맞으면 양성인 positive, 아니면 음성인 negative라고 해요. 이 밖에도 positive는 긍정적인, negative는 부정적인이라는 뜻도 있답니다. 다음 빈칸에 알맞은 말을 써 보세요.

- My brother is active and positive . 나의 형은 적극적이고 긍정적이다.
- The news was very negative . 그 소식은 매우 부정적이었다.

56 DAY 08 / You Should Get Some Rest 57

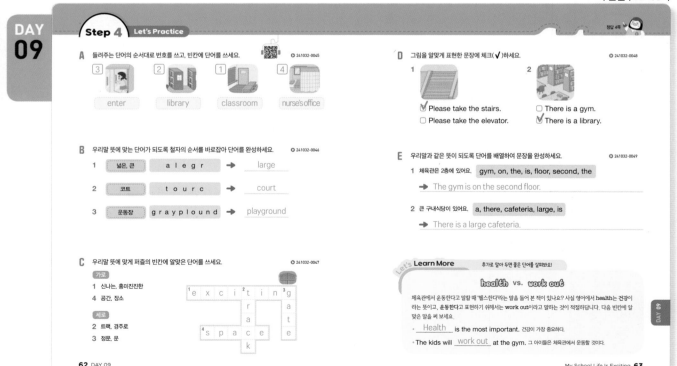

DAY 09 — Step 4 Let's Practice

A 들려주는 단어의 순서대로 번호를 쓰고, 빈칸에 단어를 쓰세요. 241032-0045

3 enter 2 library 1 classroom 4 nurse's office

B 우리말 뜻에 맞는 단어가 되도록 철자의 순서를 바로잡아 단어를 완성하세요. 241032-0046

1 넓은, 큰   a l e g r → large
2 코트   t o u r c → court
3 운동장   g r a y p l o u n d → playground

C 우리말 뜻에 맞게 퍼즐의 빈칸에 알맞은 단어를 쓰세요. 241032-0047

[가로]
1 신나는, 흥미진진한
4 공간, 장소

[세로]
2 트랙, 경주로
3 정문, 문

e x c i t i n g
r   a
a   t
s p a c e   e
k

D 그림을 알맞게 표현한 문장에 체크(✓)하세요. 241032-0048

1 ✓ Please take the stairs.
  □ Please take the elevator.

2 □ There is a gym.
  ✓ There is a library.

E 우리말과 같은 뜻이 되도록 단어를 배열하여 문장을 완성하세요. 241032-0049

1 체육관은 2층에 있어요. gym, on, the, is, floor, second, the
→ The gym is on the second floor.

2 큰 구내식당이 있어요. a, there, cafeteria, large, is
→ There is a large cafeteria.

Let's Learn More 추가로 알아 두면 좋은 단어를 살펴봐요!

health vs. work out

체육관에서 운동한다고 말할 때 '헬스한다'라는 말을 들어 본 적이 있나요? 사실 영어에서 health는 건강이라는 뜻이고, 운동한다고 표현하기 위해서는 work out이라고 말하는 것이 적절하답니다. 다음 빈칸에 알맞은 말을 써 보세요.

- Health is the most important. 건강이 가장 중요하다.
- The kids will work out at the gym. 그 아이들은 체육관에서 운동할 것이다.

62 DAY 09 / My School Life Is Exciting 63

4 정답

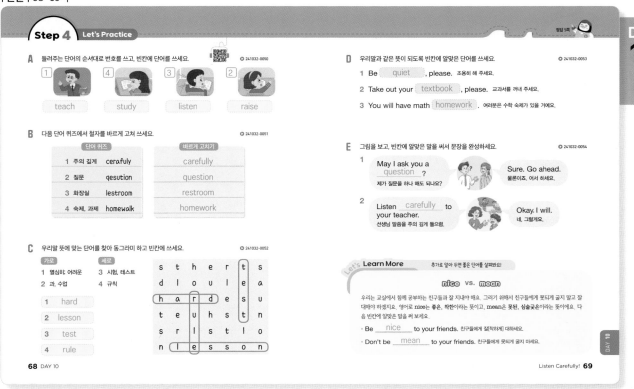

Step 4 Let's Practice

정답 5쪽

A 들려주는 단어의 순서대로 번호를 쓰고, 빈칸에 단어를 쓰세요. 🔲 241032-0050

1 teach   4 study   3 listen   2 raise

B 다음 단어 퀴즈에서 철자를 바르게 고쳐 쓰세요. 🔲 241032-0051

단어 퀴즈		바르게 고치기
1 주의 깊게	cerafuly	carefully
2 질문	qesution	question
3 화장실	lestroom	restroom
4 숙제, 과제	homewalk	homework

C 우리말 뜻에 맞는 단어를 찾아 동그라미 하고 빈칸에 쓰세요. 🔲 241032-0052

가로
1 열심히; 어려운
2 과, 수업

세로
3 시험, 테스트
4 규칙

1 hard
2 lesson
3 test
4 rule

```
s t h e r t s
d l o u l e a
h a r d e s u
t e u h s t n
s r l s t l o
n l e s s o n
```

D 우리말과 같은 뜻이 되도록 빈칸에 알맞은 단어를 쓰세요. 🔲 241032-0053

1 Be quiet , please. 조용히 해 주세요.
2 Take out your textbook , please. 교과서를 꺼내 주세요.
3 You will have math homework . 여러분은 수학 숙제가 있을 거예요.

E 그림을 보고, 빈칸에 알맞은 말을 써서 문장을 완성하세요. 🔲 241032-0054

1 May I ask you a question ?
제가 질문을 하나 해도 되나요?
Sure. Go ahead.
물론이죠. 어서 하세요.

2 Listen carefully to your teacher.
선생님 말씀을 주의 깊게 들으렴.
Okay. I will.
네, 그렇게요.

Let's Learn More 추가로 알아 두면 좋은 단어를 살펴봐요!

nice vs. mean

우리는 교실에서 함께 공부하는 친구들과 잘 지내야 해요. 그러기 위해서 친구들에게 못되게 굴지 말고 잘 대해야 하겠지요. 영어로 nice는 좋은, 착한이라는 뜻이고, mean은 못된, 심술궂은이라는 뜻이에요. 다음 빈칸에 알맞은 말을 써 보세요.

• Be nice to your friends. 친구들에게 친절하게 대하세요.
• Don't be mean to your friends. 친구들에게 못되게 굴지 마세요.

68 DAY 10

Listen Carefully! 69

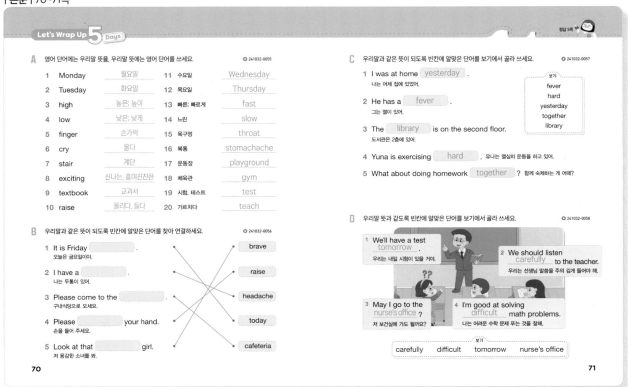

Let's Wrap Up 5 Days

정답 5쪽

A 영어 단어에는 우리말 뜻을, 우리말 뜻에는 영어 단어를 쓰세요. 🔲 241032-0055

1	Monday	월요일	11	수요일	Wednesday
2	Tuesday	화요일	12	목요일	Thursday
3	high	높은; 높이	13	빠른; 빠르게	fast
4	low	낮은; 낮게	14	느린	slow
5	finger	손가락	15	목구멍	throat
6	cry	울다	16	복통	stomachache
7	stair	계단	17	운동장	playground
8	exciting	신나는, 흥미진진한	18	체육관	gym
9	textbook	교과서	19	시험, 테스트	test
10	raise	올리다, 들다	20	가르치다	teach

B 우리말과 같은 뜻이 되도록 빈칸에 알맞은 단어를 찾아 연결하세요. 🔲 241032-0056

1 It is Friday ___ . 오늘은 금요일이야.
2 I have a ___ . 나는 두통이 있어.
3 Please come to the ___ . 구내식당으로 오세요.
4 Please ___ your hand. 손을 들어 주세요.
5 Look at that ___ girl. 저 용감한 소녀를 봐.

• brave
• raise
• headache
• today
• cafeteria

C 우리말과 같은 뜻이 되도록 빈칸에 알맞은 단어를 보기에서 골라 쓰세요. 🔲 241032-0057

1 I was at home yesterday . 나는 어제 집에 있었어.
2 He has a fever . 그는 열이 있어.
3 The library is on the second floor. 도서관은 2층에 있어.
4 Yuna is exercising hard . 유나는 열심히 운동을 하고 있어.
5 What about doing homework together ? 함께 숙제하는 게 어때?

보기
fever
hard
yesterday
together
library

D 우리말 뜻과 같도록 빈칸에 알맞은 단어를 보기에서 골라 쓰세요. 🔲 241032-0058

1 We'll have a test tomorrow . 우리는 내일 시험이 있을 거야.
2 We should listen carefully to the teacher. 우리는 선생님 말씀을 주의 깊게 들어야 해.
3 May I go to the nurse's office ? 저 보건실에 가도 될까요?
4 I'm good at solving difficult math problems. 나는 어려운 수학 문제 푸는 것을 잘해.

보기
carefully   difficult   tomorrow   nurse's office

70

71

정답 5

DAY 11

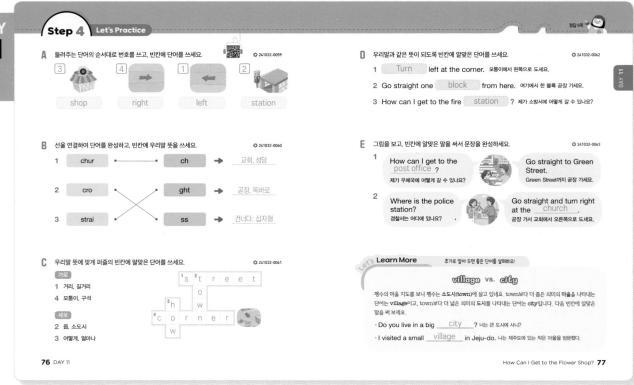

Step 4 Let's Practice

A 들려주는 단어의 순서대로 번호를 쓰고, 빈칸에 단어를 쓰세요. ⊙ 241032-0059

3 shop 4 right 1 left 2 station

B 선을 연결하여 단어를 완성하고, 빈칸에 우리말 뜻을 쓰세요. ⊙ 241032-0060

1 chur — ch → 교회, 성당
2 cro — ght → 곧장, 똑바로
3 strai — ss → 건너다; 십자형

C 우리말 뜻에 맞게 퍼즐의 빈칸에 알맞은 단어를 쓰세요. ⊙ 241032-0061

가로
1 거리, 길거리
4 모퉁이, 구석

세로
2 읍, 소도시
3 어떻게, 얼마나

¹street
²t
o
w
³h
o
⁴corner
w

76 DAY 11

D 우리말과 같은 뜻이 되도록 빈칸에 알맞은 단어를 쓰세요. ⊙ 241032-0062

1 Turn left at the corner. 모퉁이에서 왼쪽으로 도세요.
2 Go straight one block from here. 여기에서 한 블록 곧장 가세요.
3 How can I get to the fire station? 제가 소방서에 어떻게 갈 수 있나요?

E 그림을 보고, 빈칸에 알맞은 말을 써서 문장을 완성하세요. ⊙ 241032-0063

1 How can I get to the post office? 제가 우체국에 어떻게 갈 수 있나요?
Go straight to Green Street. Green Street까지 곧장 가세요.

2 Where is the police station? 경찰서는 어디에 있나요?
Go straight and turn right at the church. 곧장 가서 교회에서 오른쪽으로 도세요.

Let's Learn More 추가로 알아 두면 좋은 단어를 살펴봐요!

village vs. city

펭수의 마을 지도를 보니 펭수는 소도시(town)에 살고 있네요. town보다 더 좁은 의미의 마을을 나타내는 단어는 village이고, town보다 더 넓은 의미의 도시를 나타내는 단어는 city입니다. 다음 빈칸에 알맞은 말을 써 보세요.

• Do you live in a big city? 너는 큰 도시에 사니?
• I visited a small village in Jeju-do. 나는 제주도에 있는 작은 마을을 방문했다.

How Can I Get to the Flower Shop? **77**

DAY 12

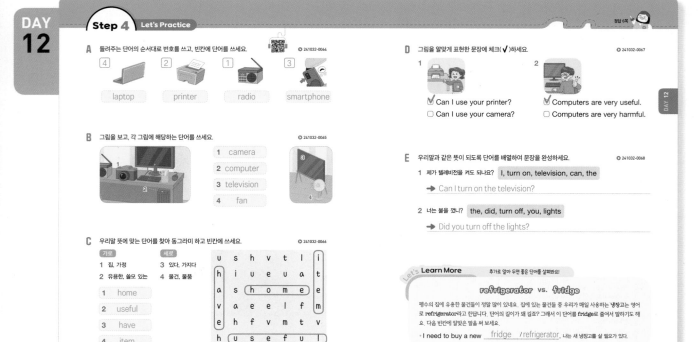

Step 4 Let's Practice

A 들려주는 단어의 순서대로 번호를 쓰고, 빈칸에 단어를 쓰세요. ⊙ 241032-0064

4 laptop 2 printer 1 radio 3 smartphone

B 그림을 보고, 각 그림에 해당하는 단어를 쓰세요. ⊙ 241032-0065

1 camera
2 computer
3 television
4 fan

C 우리말 뜻에 맞는 단어를 찾아 동그라미 하고 빈칸에 쓰세요. ⊙ 241032-0066

가로
1 집, 가정
2 유용한, 쓸모 있는

세로
3 있다, 가지다
4 물건, 물품

u s h v t l i
h i u e u a t
a s (h o m e) e
v a e e l f m
e h f v m t v
h (u s e f u l)

1 home
2 useful
3 have
4 item

82 DAY 12

D 그림을 알맞게 표현한 문장에 체크(✓)하세요. ⊙ 241032-0067

1 ✓ Can I use your printer?
☐ Can I use your camera?

2 ✓ Computers are very useful.
☐ Computers are very harmful.

E 우리말과 같은 뜻이 되도록 단어를 배열하여 문장을 완성하세요. ⊙ 241032-0068

1 제가 텔레비전을 켜도 되나요? I, turn on, television, can, the
→ Can I turn on the television?

2 너는 불을 껐니? the, did, turn off, you, lights
→ Did you turn off the lights?

Let's Learn More 추가로 알아 두면 좋은 단어를 살펴봐요!

refrigerator vs. fridge

펭수의 집에 유용한 물건들이 정말 많이 있네요. 집에 있는 물건들 중 우리가 매일 사용하는 냉장고는 영어로 refrigerator라고 한답니다. 단어의 길이가 꽤 길죠? 그래서 이 단어를 fridge로 줄여서 말하기도 해요. 다음 빈칸에 알맞은 말을 써 보세요.

• I need to buy a new fridge / refrigerator. 나는 새 냉장고를 살 필요가 있다.

What Items Do You Have at Home? **83**

| 본문 | 88~89쪽

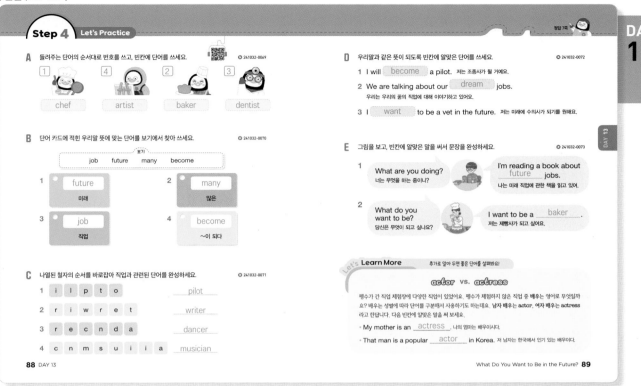

Step 4 Let's Practice 정답 7쪽

A 들려주는 단어의 순서대로 번호를 쓰고, 빈칸에 단어를 쓰세요. 241032-0069

1 chef   4 artist   2 baker   3 dentist

B 단어 카드에 적힌 우리말 뜻에 맞는 단어를 보기에서 찾아 쓰세요. 241032-0070

보기
job   future   many   become

1 future 미래   2 many 많은
3 job 직업   4 become ~이 되다

C 나열된 철자의 순서를 바로잡아 직업과 관련된 단어를 완성하세요. 241032-0071

1 i l p t o → pilot
2 r i w r e t → writer
3 r e c n d a → dancer
4 c n m s u i i a → musician

D 우리말과 같은 뜻이 되도록 빈칸에 알맞은 단어를 쓰세요. 241032-0072

1 I will become a pilot. 저는 조종사가 될 거예요.
2 We are talking about our dream jobs.
우리는 우리의 꿈의 직업에 대해 이야기하고 있어요.
3 I want to be a vet in the future. 저는 미래에 수의사가 되기를 원해요.

E 그림을 보고, 빈칸에 알맞은 말을 써서 문장을 완성하세요. 241032-0073

1 What are you doing? 너는 무엇을 하는 중이니?
I'm reading a book about future jobs.
나는 미래 직업에 관한 책을 읽고 있어.

2 What do you want to be? 당신은 무엇이 되고 싶나요?
I want to be a baker. 저는 제빵사가 되고 싶어요.

Let's Learn More 추가로 알아 두면 좋은 단어를 살펴봐요!

actor vs. actress

펭수가 간 직업 체험장에 다양한 직업이 있었어요. 펭수가 체험하지 않은 직업 중 배우는 영어로 무엇일까요? 배우는 성별에 따라 단어를 구분해 사용하기도 하는데요. 남자 배우는 actor, 여자 배우는 actress 라고 한답니다. 다음 빈칸에 알맞은 말을 써 보세요.

• My mother is an actress. 나의 엄마는 배우이시다.
• That man is a popular actor in Korea. 저 남자는 한국에서 인기 있는 배우이다.

88 DAY 13   What Do You Want to Be in the Future? **89**

| 본문 | 94~95쪽

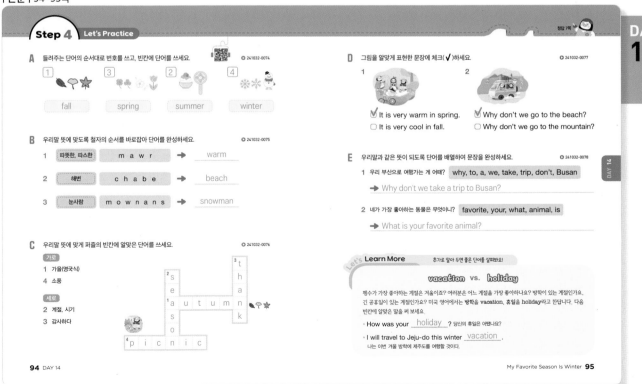

Step 4 Let's Practice 정답 7쪽

A 들려주는 단어의 순서대로 번호를 쓰고, 빈칸에 단어를 쓰세요. 241032-0074

1 fall   3 spring   2 summer   4 winter

B 우리말 뜻에 맞도록 철자의 순서를 바로잡아 단어를 완성하세요. 241032-0075

1 따뜻한, 따스한   m a w r → warm
2 해변   c h a b e → beach
3 눈사람   m o w n a n s → snowman

C 우리말 뜻에 맞게 퍼즐의 빈칸에 알맞은 단어를 쓰세요. 241032-0076

가로
1 가을(영국식)
4 소풍

세로
2 계절, 시기
3 감사하다

s e a s o n
a u t u m n
t h a n k
p i c n i c

D 그림을 알맞게 표현한 문장에 체크(✓)하세요. 241032-0077

1 ✓ It is very warm in spring.
☐ It is very cool in fall.

2 ✓ Why don't we go to the beach?
☐ Why don't we go to the mountain?

E 우리말과 같은 뜻이 되도록 단어를 배열하여 문장을 완성하세요. 241032-0078

1 우리 부산으로 여행가는 게 어때? why, to, a, we, take, trip, don't, Busan
→ Why don't we take a trip to Busan?

2 네가 가장 좋아하는 동물은 무엇이니? favorite, your, what, animal, is
→ What is your favorite animal?

Let's Learn More 추가로 알아 두면 좋은 단어를 살펴봐요!

vacation vs. holiday

펭수가 가장 좋아하는 계절은 겨울이죠? 여러분은 어느 계절을 가장 좋아하나요? 방학이 있는 계절인가요, 긴 공휴일이 있는 계절인가요? 미국 영어에서는 방학을 vacation, 휴일을 holiday라고 한답니다. 다음 빈칸에 알맞은 말을 써 보세요.

• How was your holiday ? 당신의 휴일은 어땠나요?
• I will travel to Jeju-do this winter vacation .
나는 이번 겨울 방학에 제주도를 여행할 것이다.

94 DAY 14   My Favorite Season Is Winter **95**

정답 **7**

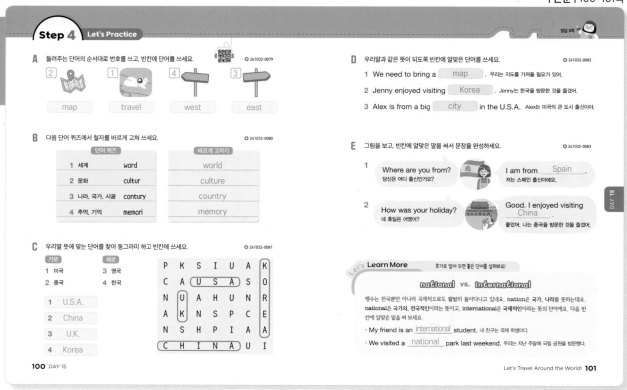

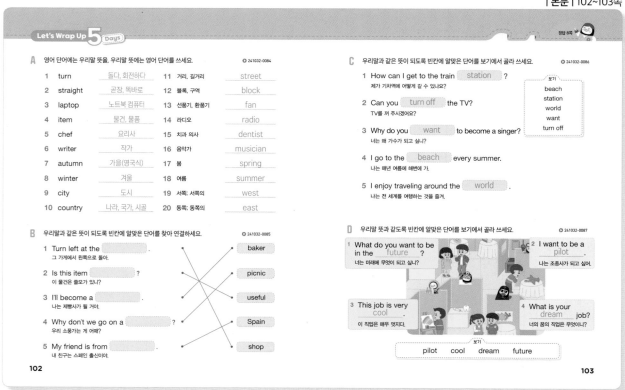

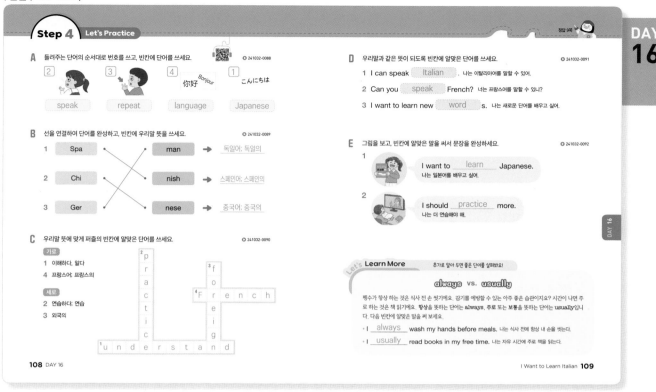

Step 4 Let's Practice

정답 9쪽

A 들려주는 단어의 순서대로 번호를 쓰고, 빈칸에 단어를 쓰세요. 241032-0088

2 3 4 Bonjour 你好 1 こんにちは

speak   repeat   language   Japanese

B 선을 연결하여 단어를 완성하고, 빈칸에 우리말 뜻을 쓰세요. 241032-0089

1 Spa   man   → 독일어; 독일의
2 Chi   nish   → 스페인어; 스페인의
3 Ger   nese   → 중국어; 중국의

C 우리말 뜻에 맞게 퍼즐의 빈칸에 알맞은 단어를 쓰세요. 241032-0090

가로
1 이해하다, 알다
4 프랑스어; 프랑스의

세로
2 연습하다; 연습
3 외국의

² p
r   ³ f
a   o
⁴ F r e n c h
t   e
i   i
c   g
¹ u n d e r s t a n d

D 우리말과 같은 뜻이 되도록 빈칸에 알맞은 단어를 쓰세요. 241032-0091

1 I can speak Italian . 나는 이탈리아어를 말할 수 있어.
2 Can you speak French? 너는 프랑스어를 말할 수 있니?
3 I want to learn new word s. 나는 새로운 단어를 배우고 싶어.

E 그림을 보고, 빈칸에 알맞은 말을 써서 문장을 완성하세요. 241032-0092

1
I want to learn Japanese.
나는 일본어를 배우고 싶어.

2
I should practice more.
나는 더 연습해야 해.

Let's Learn More   추가로 알아 두면 좋은 단어를 살펴봐요!

always vs. usually

펭수가 항상 하는 것은 식사 전 손 씻기예요. 감기를 예방할 수 있는 아주 좋은 습관이지요? 시간이 나면 주로 하는 것은 책 읽기예요. 항상을 뜻하는 단어는 always, 주로 또는 보통을 뜻하는 단어는 usually입니다. 다음 빈칸에 알맞은 말을 써 보세요.

• I always wash my hands before meals. 나는 식사 전에 항상 내 손을 씻는다.
• I usually read books in my free time. 나는 자유 시간에 주로 책을 읽는다.

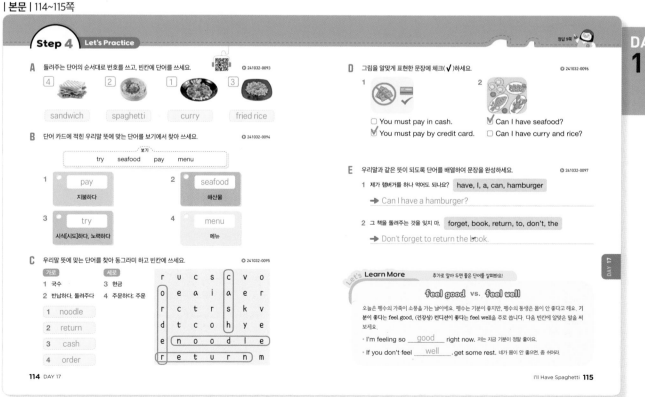

Step 4 Let's Practice

정답 9쪽

A 들려주는 단어의 순서대로 번호를 쓰고, 빈칸에 단어를 쓰세요. 241032-0093

4 2 1 3

sandwich   spaghetti   curry   fried rice

B 단어 카드에 적힌 우리말 뜻에 맞는 단어를 보기에서 찾아 쓰세요. 241032-0094

보기
try   seafood   pay   menu

1 pay   2 seafood
지불하다   해산물

3 try   4 menu
시식[시도]하다, 노력하다   메뉴

C 우리말 뜻에 맞는 단어를 찾아 동그라미 하고 빈칸에 쓰세요. 241032-0095

가로
1 국수
2 반납하다, 돌려주다

세로
3 현금
4 주문하다; 주문

r u c s c v o
o e a i a e r
r c t r s k v
d t c o h y e
e n o o d l e
r e t u r n m

1 noodle
2 return
3 cash
4 order

D 그림을 알맞게 표현한 문장에 체크(✓)하세요. 241032-0096

1
☐ You must pay in cash.
✓ You must pay by credit card.

2
✓ Can I have seafood?
☐ Can I have curry and rice?

E 우리말과 같은 뜻이 되도록 단어를 배열하여 문장을 완성하세요. 241032-0097

1 제가 햄버거를 하나 먹어도 되나요? have, I, a, can, hamburger
→ Can I have a hamburger?

2 그 책을 돌려주는 것을 잊지 마. forget, book, return, to, don't, the
→ Don't forget to return the book.

Let's Learn More   추가로 알아 두면 좋은 단어를 살펴봐요!

feel good vs. feel well

오늘은 펭수의 가족이 소풍을 가는 날이에요. 펭수는 기분이 좋지만, 펭수의 동생은 몸이 안 좋다고 해요. 기분이 좋다는 feel good, (건강상) 컨디션이 좋다는 feel well을 주로 씁니다. 다음 빈칸에 알맞은 말을 써 보세요.

• I'm feeling so good right now. 저는 지금 기분이 정말 좋아요.
• If you don't feel well , get some rest. 네가 몸이 안 좋으면, 좀 쉬어라.

DAY 18

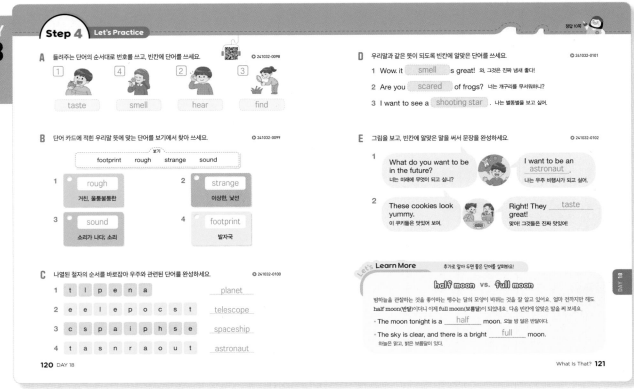

Step 4 Let's Practice

정답 10쪽

A 들려주는 단어의 순서대로 번호를 쓰고, 빈칸에 단어를 쓰세요. ⊙ 241032-0098

1. taste
4. smell
2. hear
3. find

B 단어 카드에 적힌 우리말 뜻에 맞는 단어를 보기에서 찾아 쓰세요. ⊙ 241032-0099

보기
footprint   rough   strange   sound

1 **rough** 거친, 울퉁불퉁한
2 **strange** 이상한, 낯선
3 **sound** 소리가 나다; 소리
4 **footprint** 발자국

C 나열된 철자의 순서를 바로잡아 우주와 관련된 단어를 완성하세요. ⊙ 241032-0100

1 t l p e n a → **planet**
2 e e l e p o c s t → **telescope**
3 c s p a i p h s e → **spaceship**
4 t a s n r a o u t → **astronaut**

D 우리말과 같은 뜻이 되도록 빈칸에 알맞은 단어를 쓰세요. ⊙ 241032-0101

1 Wow. it **smell** s great! 와, 그것은 진짜 냄새 좋다!
2 Are you **scared** of frogs? 너는 개구리를 무서워하니?
3 I want to see a **shooting star**. 나는 별똥별을 보고 싶어.

E 그림을 보고, 빈칸에 알맞은 말을 써서 문장을 완성하세요. ⊙ 241032-0102

1 What do you want to be in the future? 너는 미래에 무엇이 되고 싶니?
I want to be an **astronaut**. 나는 우주 비행사가 되고 싶어.

2 These cookies look yummy. 이 쿠키들은 맛있어 보여.
Right! They **taste** great! 맞아! 그것들은 진짜 맛있어!

Let's Learn More 추가로 알아 두면 좋은 단어를 살펴봐요!

half moon vs. full moon

밤하늘을 관찰하는 것을 좋아하는 펭수는 달의 모양이 바뀌는 것을 잘 알고 있어요. 얼마 전까지만 해도 half moon(반달)이더니 이제 full moon(보름달)이 되었네요. 다음 빈칸에 알맞은 말을 써 보세요.
• The moon tonight is a **half** moon. 오늘 밤 달은 반달이야.
• The sky is clear, and there is a bright **full** moon. 하늘은 맑고, 밝은 보름달이 있다.

DAY 19

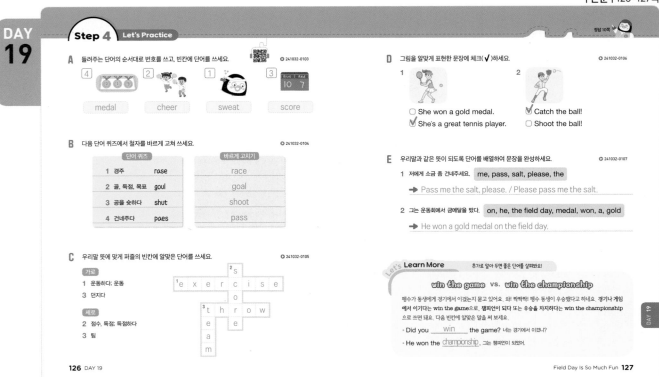

Step 4 Let's Practice

정답 10쪽

A 들려주는 단어의 순서대로 번호를 쓰고, 빈칸에 단어를 쓰세요. ⊙ 241032-0103

4. medal
2. cheer
1. sweat
3. score

B 다음 단어 퀴즈에서 철자를 바르게 고쳐 쓰세요. ⊙ 241032-0104

단어 퀴즈		바르게 고치기
1 경주	rase	race
2 골, 득점, 목표	goul	goal
3 공을 숫하다	shut	shoot
4 건네주다	paes	pass

C 우리말 뜻에 맞게 퍼즐의 빈칸에 알맞은 단어를 쓰세요. ⊙ 241032-0105

가로
1 운동하다; 운동
3 던지다

세로
2 점수, 득점; 득점하다
3 팀

1 e x e r c i s e
3 t h r o w
s c o r e
t e a m

D 그림을 알맞게 표현한 문장에 체크(✓)하세요. ⊙ 241032-0106

1 ☐ She won a gold medal.
☑ She's a great tennis player.

2 ☑ Catch the ball!
☐ Shoot the ball!

E 우리말과 같은 뜻이 되도록 단어를 배열하여 문장을 완성하세요. ⊙ 241032-0107

1 저에게 소금 좀 건네주세요. me, pass, salt, please, the
→ Pass me the salt, please. / Please pass me the salt.

2 그는 운동회에서 금메달을 땄다. on, he, the field day, medal, won, a, gold
→ He won a gold medal on the field day.

Let's Learn More 추가로 알아 두면 좋은 단어를 살펴봐요!

win the game vs. win the championship

펭수가 동생에게 경기에서 이겼는지 묻고 있어요. 와! 짝짝짝! 펭수 동생이 우승했다고 하네요. 경기나 게임에서 이기다는 win the game으로, 챔피언이 되다 또는 우승을 차지하다는 win the championship으로 쓰면 돼요. 다음 빈칸에 알맞은 말을 써 보세요.
• Did you **win** the game? 너는 경기에서 이겼니?
• He won the **championship**. 그는 챔피언이 되었어.

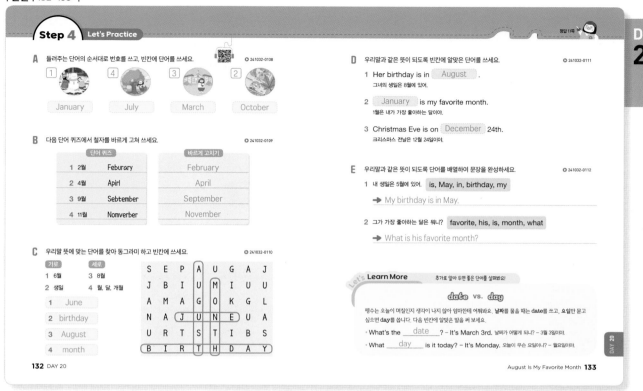

Step 4 Let's Practice

정답 11쪽

A 들려주는 단어의 순서대로 번호를 쓰고, 빈칸에 단어를 쓰세요.   241032-0108

1️⃣ January   4️⃣ July   3️⃣ March   2️⃣ October

B 다음 단어 퀴즈에서 철자를 바르게 고쳐 쓰세요.   241032-0109

단어 퀴즈 / 바르게 고치기

1 2월 Februory → February
2 4월 Apirl → April
3 9월 Sebtember → September
4 11월 Nomverber → November

C 우리말 뜻에 맞는 단어를 찾아 동그라미 하고 빈칸에 쓰세요.   241032-0110

가로
1 6월
2 생일
세로
3 8월
4 월, 달, 개월

S	E	P	A	U	G	A	J
J	B	I	U	M	I	U	U
A	M	A	G	O	K	G	L
N	A	J	U	N	E	U	A
U	R	T	S	T	I	B	S
B	I	R	T	H	D	A	Y

1 June
2 birthday
3 August
4 month

D 우리말과 같은 뜻이 되도록 빈칸에 알맞은 단어를 쓰세요.   241032-0111

1 Her birthday is in August .
그녀의 생일은 8월에 있어.

2 January is my favorite month.
1월은 내가 가장 좋아하는 달이야.

3 Christmas Eve is on December 24th.
크리스마스 전날은 12월 24일이야.

E 우리말과 같은 뜻이 되도록 단어를 배열하여 문장을 완성하세요.   241032-0112

1 내 생일은 5월에 있어. is, May, in, birthday, my

➡ My birthday is in May.

2 그가 가장 좋아하는 달은 뭐니? favorite, his, is, month, what

➡ What is his favorite month?

Let's Learn More 추가로 알아 두면 좋은 단어를 살펴봐요!

date vs. day

펭수는 오늘이 며칠인지 생각이 나지 않아 엄마한테 어휘봐요. 날짜를 물을 때는 date를 쓰고, 요일만 묻고 싶으면 day를 씁니다. 다음 빈칸에 알맞은 말을 써 보세요.

• What's the date ? – It's March 3rd. 날짜가 어떻게 되니? – 3월 3일이야.

• What day is it today? – It's Monday. 오늘이 무슨 요일이니? – 월요일이야.

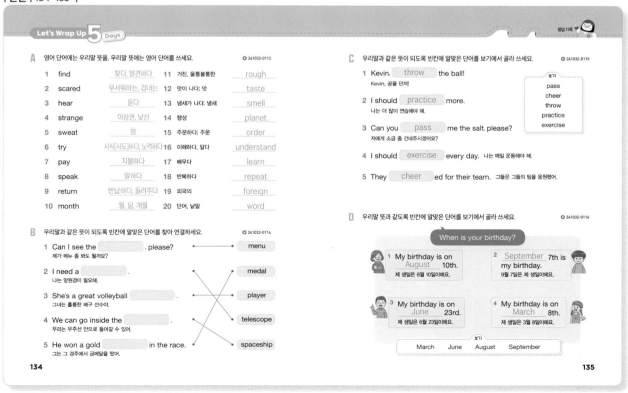

Let's Wrap Up 5 Days

정답 11쪽

A 영어 단어에는 우리말 뜻, 우리말 뜻에는 영어 단어를 쓰세요.   241032-0113

1 find 찾다, 발견하다
2 scared 무서워하는, 겁내는
3 hear 듣다
4 strange 이상한, 낯선
5 sweat 땀
6 try 시식[시도]하다, 노력하다
7 pay 지불하다
8 speak 말하다
9 return 반납하다, 돌려주다
10 month 월, 달, 개월

11 거친, 울퉁불퉁한 rough
12 맛이 나다; 맛 taste
13 냄새가 나다; 냄새 smell
14 행성 planet
15 주문하다; 주문 order
16 이해하다, 알다 understand
17 배우다 learn
18 반복하다 repeat
19 외국의 foreign
20 단어, 낱말 word

B 우리말과 같은 뜻이 되도록 빈칸에 알맞은 단어를 찾아 연결하세요.   241032-0114

1 Can I see the _____. please?
제가 메뉴 좀 봐도 될까요?   • menu

2 I need a _____.
나는 망원경이 필요해.   • medal

3 She's a great volleyball _____.
그녀는 훌륭한 배구 선수야.   • player

4 We can go inside the _____.
우리는 우주선 안으로 들어갈 수 있어.   • telescope

5 He won a gold _____ in the race.
그는 그 경주에서 금메달을 땄어.   • spaceship

C 우리말과 같은 뜻이 되도록 빈칸에 알맞은 단어를 보기에서 골라 쓰세요.   241032-0115

1 Kevin. throw the ball!
Kevin, 공을 던져!

2 I should practice more.
나는 더 많이 연습해야 해.

3 Can you pass me the salt. please?
저에게 소금 좀 건네주시겠어요?

4 I should exercise every day. 나는 매일 운동해야 해.

5 They cheer ed for their team. 그들은 그들의 팀을 응원했어.

보기
pass
cheer
throw
practice
exercise

D 우리말 뜻과 같도록 빈칸에 알맞은 단어를 보기에서 골라 쓰세요.   241032-0116

When is your birthday?

1 My birthday is on August 10th.
제 생일은 8월 10일이에요.

2 September 7th is my birthday.
9월 7일은 제 생일이에요.

3 My birthday is on June 23rd.
제 생일은 6월 23일이에요.

4 My birthday is on March 8th.
제 생일은 3월 8일이에요.

보기
March June August September

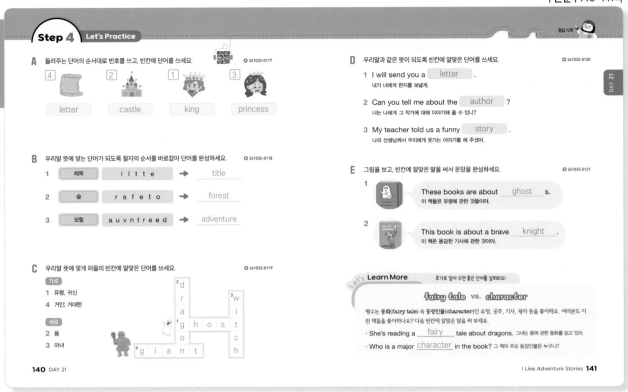

DAY 21

Step 4 · Let's Practice

정답 12쪽

A 들려주는 단어의 순서대로 번호를 쓰고, 빈칸에 단어를 쓰세요. ⊙ 241032-0117

[4] letter [2] castle [1] king [3] princess

B 우리말 뜻에 맞는 단어가 되도록 철자의 순서를 바로잡아 단어를 완성하세요. ⊙ 241032-0118

1 제목 i l t t e → title

2 숲 r s f e t o → forest

3 모험 a u v n t r e e d → adventure

C 우리말 뜻에 맞게 퍼즐의 빈칸에 알맞은 단어를 쓰세요. ⊙ 241032-0119

[가로]
1 유령, 귀신
4 거인; 거대한

[세로]
2 용
3 마녀

² d r a g o
³ w
g h o s t
i t c h
⁴ g i a n t

D 우리말과 같은 뜻이 되도록 빈칸에 알맞은 단어를 쓰세요. ⊙ 241032-0120

1 I will send you a ___letter___.
내가 너에게 편지를 보낼게.

2 Can you tell me about the ___author___?
너는 나에게 그 작가에 대해 이야기해 줄 수 있니?

3 My teacher told us a funny ___story___.
나의 선생님께서 우리에게 웃기는 이야기를 해 주셨어.

E 그림을 보고, 빈칸에 알맞은 말을 써서 문장을 완성하세요. ⊙ 241032-0121

1 These books are about ___ghost___s.
이 책들은 유령에 관한 것들이야.

2 This book is about a brave ___knight___.
이 책은 용감한 기사에 관한 것이야.

Let's Learn More 추가로 알아 두면 좋은 단어를 살펴봐요!

fairy tale vs. character

뻥수는 동화(fairy tale) 속 등장인물(character)인 요정, 공주, 기사, 왕자 등을 좋아해요. 여러분도 이런 책들을 좋아하나요? 다음 빈칸에 알맞은 말을 써 보세요.

• She's reading a ___fairy___ tale about dragons. 그녀는 용에 관한 동화를 읽고 있어.

• Who is a major ___character___ in the book? 그 책의 주요 등장인물은 누구니?

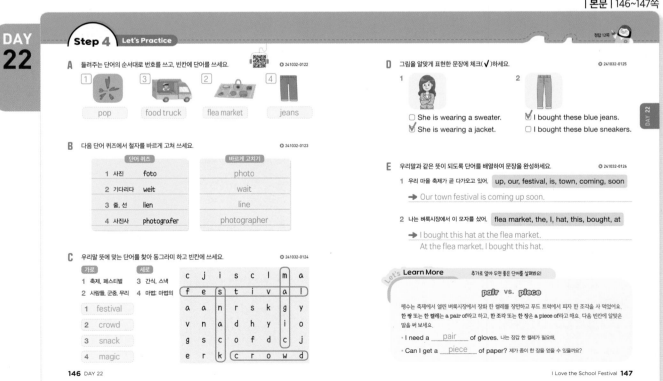

DAY 22

Step 4 · Let's Practice

정답 12쪽

A 들려주는 단어의 순서대로 번호를 쓰고, 빈칸에 단어를 쓰세요. ⊙ 241032-0122

[1] pop [3] food truck [2] flea market [4] jeans

B 다음 단어 퀴즈에서 철자를 바르게 고쳐 쓰세요. ⊙ 241032-0123

단어 퀴즈		바르게 고치기
1 사진	foto	photo
2 기다리다	weit	wait
3 줄, 선	lien	line
4 사진사	photografer	photographer

C 우리말 뜻에 맞는 단어를 찾아 동그라미 하고 빈칸에 쓰세요. ⊙ 241032-0124

[가로]
1 축제, 페스티벌
2 사람들, 군중, 무리

[세로]
3 간식, 스낵
4 마법; 마법의

1 festival
2 crowd
3 snack
4 magic

c j i s c l m a
f e s t i v a l
a a n r s k g y
v n a d h y i o
g s c o f d c j
e r k c r o w d

D 그림을 알맞게 표현한 문장에 체크(✓)하세요. ⊙ 241032-0125

1
☐ She is wearing a sweater.
☑ She is wearing a jacket.

2
☑ I bought these blue jeans.
☐ I bought these blue sneakers.

E 우리말과 같은 뜻이 되도록 단어를 배열하여 문장을 완성하세요. ⊙ 241032-0126

1 우리 마을 축제가 곧 다가오고 있어. up, our, festival, is, town, coming, soon
➔ Our town festival is coming up soon.

2 나는 벼룩시장에서 이 모자를 샀어. flea market, the, I, hat, this, bought, at
➔ I bought this hat at the flea market.
At the flea market, I bought this hat.

Let's Learn More 추가로 알아 두면 좋은 단어를 살펴봐요!

pair vs. piece

뻥수는 축제에서 열린 벼룩시장에서 장화 한 켤레를 장만하고 푸드 트럭에서 피자 한 조각을 사 먹었어요. 한 쌍 또는 한 켤레는 a pair of라고 하고, 한 조각 또는 한 장은 a piece of라고 해요. 다음 빈칸에 알맞은 말을 써 보세요.

• I need a ___pair___ of gloves. 나는 장갑 한 켤레가 필요해.

• Can I get a ___piece___ of paper? 제가 종이 한 장을 받을 수 있을까요?

| 본문 | 152~153쪽

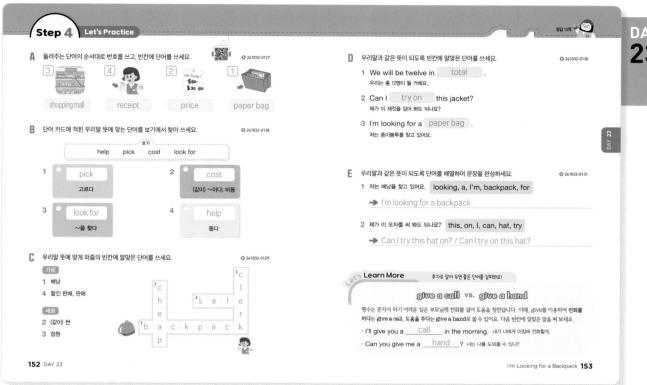

Step 4 Let's Practice

A 들려주는 단어의 순서대로 번호를 쓰고, 빈칸에 단어를 쓰세요. 241032-0127

3 shopping mall 4 receipt 2 price 1 paper bag

B 단어 카드에 적힌 우리말 뜻에 맞는 단어를 보기에서 찾아 쓰세요. 241032-0128

보기: help pick cost look for

1 pick 고르다
2 cost (값이) ~이다; 비용
3 look for ~을 찾다
4 help 돕다

C 우리말 뜻에 맞게 퍼즐의 빈칸에 알맞은 단어를 쓰세요. 241032-0129

가로
1 배낭
4 할인 판매, 판매

세로
2 (값이) 싼
3 점원

C h e a p / s a l e / c l e r k / b a c k p a c k / f o u r t h(fill)

D 우리말과 같은 뜻이 되도록 빈칸에 알맞은 단어를 쓰세요. 241032-0130

1 We will be twelve in total .
우리는 총 12명이 될 거예요.

2 Can I try on this jacket?
제가 이 재킷을 입어 봐도 되나요?

3 I'm looking for a paper bag .
저는 종이봉투를 찾고 있어요.

E 우리말과 같은 뜻이 되도록 단어를 배열하여 문장을 완성하세요. 241032-0131

1 저는 배낭을 찾고 있어요. looking, a, I'm, backpack, for
➡ I'm looking for a backpack.

2 제가 이 모자를 써 봐도 되나요? this, on, I, can, hat, try
➡ Can I try this hat on? / Can I try on this hat?

Let's Learn More 추가로 알아 두면 좋은 단어를 살펴봐요!

give a call vs. **give a hand**

펭수는 혼자서 하기 어려운 일은 부모님께 전화를 걸어 도움을 청한답니다. 이때, give를 이용하여 전화를 하는건 give a call, 도움을 주다는 give a hand로 쓸 수 있어요. 다음 빈칸에 알맞은 말을 써 보세요.
· I'll give you a call in the morning. 내가 너에게 아침에 전화할게.
· Can you give me a hand ? 너는 나를 도와줄 수 있니?

152 DAY 23   I'm Looking for a Backpack 153

| 본문 | 158~159쪽

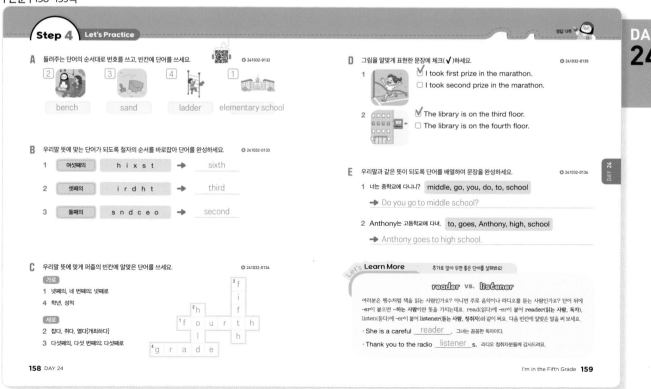

Step 4 Let's Practice

A 들려주는 단어의 순서대로 번호를 쓰고, 빈칸에 단어를 쓰세요. 241032-0132

2 bench 3 sand 4 ladder 1 elementary school

B 우리말 뜻에 맞는 단어가 되도록 철자의 순서를 바로잡아 단어를 완성하세요. 241032-0133

1 여섯째의 h i x s t ➡ sixth
2 셋째의 i r d h t ➡ third
3 둘째의 s n d c e o ➡ second

C 우리말 뜻에 맞게 퍼즐의 빈칸에 알맞은 단어를 쓰세요. 241032-0134

가로
1 넷째의, 네 번째의; 넷째로
4 학년, 성적

세로
2 잡다, 쥐다, 열다[개최하다]
3 다섯째의, 다섯 번째의; 다섯째로

f i f t h / h o l d / f o u r t h / g r a d e

D 그림을 알맞게 표현한 문장에 체크(✓)하세요. 241032-0135

1 ✓ I took first prize in the marathon.
  ☐ I took second prize in the marathon.

2 ✓ The library is on the third floor.
  ☐ The library is on the fourth floor.

E 우리말과 같은 뜻이 되도록 단어를 배열하여 문장을 완성하세요. 241032-0136

1 너는 중학교에 다니니? middle, go, you, do, to, school
➡ Do you go to middle school?

2 Anthony는 고등학교에 다녀. to, goes, Anthony, high, school
➡ Anthony goes to high school.

Let's Learn More 추가로 알아 두면 좋은 단어를 살펴봐요!

reader vs. **listener**

여러분은 펭수처럼 책을 읽는 사람인가요? 아니면 주로 음악이나 라디오를 듣는 사람인가요? 단어 뒤에 -er이 붙으면 ~하는 사람이란 뜻을 가지는데요, read(읽다)에 -er이 붙어 reader(읽는 사람, 독자), listen(듣다)에 -er이 붙어 listener(듣는 사람, 청취자)와 같이 써요. 다음 빈칸에 알맞은 말을 써 보세요.
· She is a careful reader . 그녀는 꼼꼼한 독자예요.
· Thank you to the radio listener s. 라디오 청취자분들께 감사드려요.

158 DAY 24   I'm in the Fifth Grade 159

정답 **13**

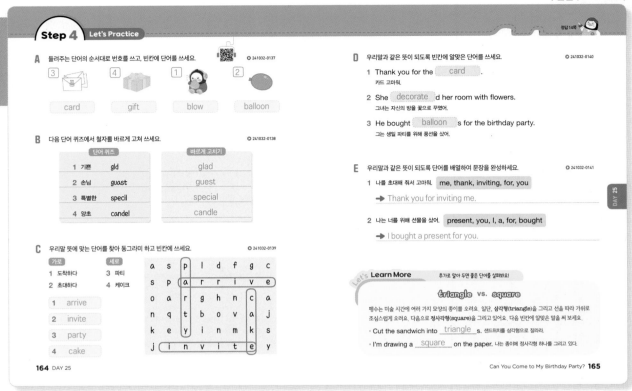

DAY 25

Step 4 Let's Practice

A 들려주는 단어의 순서대로 번호를 쓰고, 빈칸에 단어를 쓰세요. ○ 241032-0137

3 | 4 | 1 | 2

card | gift | blow | balloon

B 다음 단어 퀴즈에서 철자를 바르게 고쳐 쓰세요. ○ 241032-0138

단어 퀴즈		바르게 고치기
1 기쁜	gld	glad
2 손님	guast	guest
3 특별한	specil	special
4 양초	candel	candle

C 우리말 뜻에 맞는 단어를 찾아 동그라미 하고 빈칸에 쓰세요. ○ 241032-0139

가로
1 도착하다
2 초대하다

세로
3 파티
4 케이크

1 arrive
2 invite
3 party
4 cake

a s p l d f g c
s p a r r i v e
o a r g h n c a
n q t b o v a j
k e y i n m k s
j i n v i t e y

D 우리말과 같은 뜻이 되도록 빈칸에 알맞은 단어를 쓰세요. ○ 241032-0140

1 Thank you for the card .
카드 고마워.

2 She decorate d her room with flowers.
그녀는 자신의 방을 꽃으로 꾸몄어.

3 He bought balloon s for the birthday party.
그는 생일 파티를 위해 풍선을 샀어.

E 우리말과 같은 뜻이 되도록 단어를 배열하여 문장을 완성하세요. ○ 241032-0141

1 나를 초대해 줘서 고마워.   me, thank, inviting, for, you
➔ Thank you for inviting me.

2 나는 너를 위해 선물을 샀어.   present, you, I, a, for, bought
➔ I bought a present for you.

Let's Learn More 추가로 알아 두면 좋은 단어를 살펴봐요!

triangle vs. **square**

펭수는 미술 시간에 여러 가지 모양의 종이를 오려요. 일단, **삼각형(triangle)**을 그리고 선을 따라 가위로 조심스럽게 오려요. 다음으로 **정사각형(square)**을 그리고 있어요. 다음 빈칸에 알맞은 말을 써 보세요.
· Cut the sandwich into triangle s. 샌드위치를 삼각형으로 잘라라.
· I'm drawing a square on the paper. 나는 종이에 정사각형 하나를 그리고 있다.

164 DAY 25   Can You Come to My Birthday Party? 165

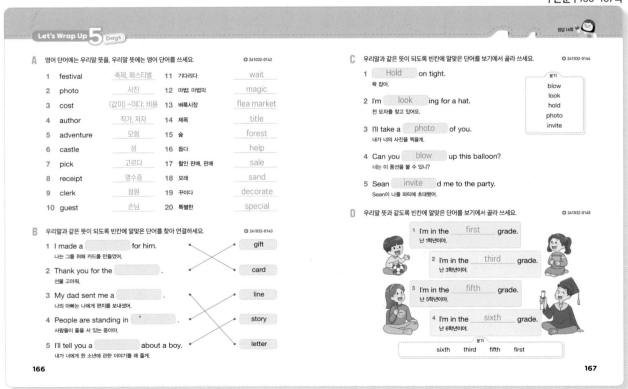

Let's Wrap Up 5 Days

A 영어 단어에는 우리말 뜻을, 우리말 뜻에는 영어 단어를 쓰세요. ○ 241032-0142

1	festival	축제, 페스티벌	11	기다리다	wait
2	photo	사진	12	마법; 마법의	magic
3	cost	(값이) ~이다; 비용	13	벼룩시장	flea market
4	author	작가, 저자	14	제목	title
5	adventure	모험	15	숲	forest
6	castle	성	16	돕다	help
7	pick	고르다	17	할인 판매, 판매	sale
8	receipt	영수증	18	모래	sand
9	clerk	점원	19	꾸미다	decorate
10	guest	손님	20	특별한	special

B 우리말과 같은 뜻이 되도록 빈칸에 알맞은 단어를 찾아 연결하세요. ○ 241032-0143

1 I made a _____ for him.
나는 그를 위해 카드를 만들었어.

2 Thank you for the _____.
선물 고마워.

3 My dad sent me a _____.
나의 아빠는 나에게 편지를 보내셨어.

4 People are standing in _____.
사람들이 줄을 서 있는 중이야.

5 I'll tell you a _____ about a boy.
내가 너에게 한 소년에 관한 이야기를 해 줄게.

gift
card
line
story
letter

C 우리말과 같은 뜻이 되도록 빈칸에 알맞은 단어를 보기에서 골라 쓰세요. ○ 241032-0144

1 Hold on tight.
꽉 잡아.

2 I'm look ing for a hat.
전 모자를 찾고 있어요.

3 I'll take a photo of you.
내가 너의 사진을 찍을게.

4 Can you blow up this balloon?
너는 이 풍선을 불 수 있니?

5 Sean invite d me to the party.
Sean이 나를 파티에 초대했어.

보기
blow
look
hold
photo
invite

D 우리말 뜻과 같도록 빈칸에 알맞은 단어를 보기에서 골라 쓰세요. ○ 241032-0145

1 I'm in the first grade.
난 1학년이야.

2 I'm in the third grade.
난 3학년이야.

3 I'm in the fifth grade.
난 5학년이야.

4 I'm in the sixth grade.
난 6학년이야.

보기
sixth   third   fifth   first

166   167

14 정답

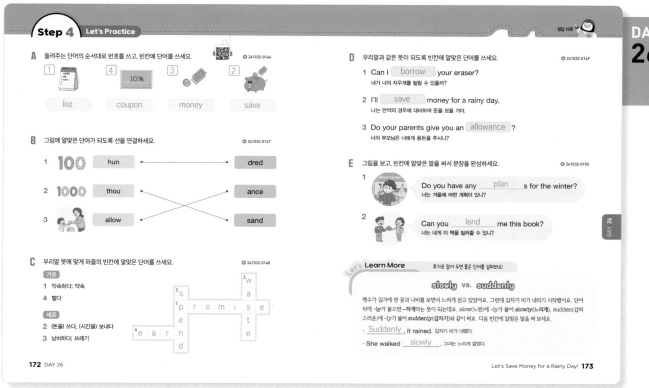

Step 4 Let's Practice

정답 15쪽

DAY 26

A 들려주는 단어의 순서대로 번호를 쓰고, 빈칸에 단어를 쓰세요. 241032-0146

1 list 4 10% coupon 3 money 2 save

B 그림에 알맞은 단어가 되도록 선을 연결하세요. 241032-0147

1 100 hun — dred
2 1000 thou — ance
3 allow — sand

C 우리말 뜻에 맞게 퍼즐의 빈칸에 알맞은 단어를 쓰세요. 241032-0148

가로
1 약속하다; 약속
4 벌다

세로
2 (돈을) 쓰다, (시간을) 보내다
3 낭비하다; 쓰레기

promise
spend
earn
waste

D 우리말과 같은 뜻이 되도록 빈칸에 알맞은 단어를 쓰세요. 241032-0149

1 Can I borrow your eraser?
내가 너의 지우개를 빌릴 수 있을까?

2 I'll save money for a rainy day.
나는 만약의 경우에 대비하여 돈을 모을 거야.

3 Do your parents give you an allowance?
너의 부모님은 너에게 용돈을 주시니?

E 그림을 보고, 빈칸에 알맞은 말을 써서 문장을 완성하세요. 241032-0150

1 Do you have any plan s for the winter?
너는 겨울에 어떤 계획이 있니?

2 Can you lend me this book?
너는 내게 이 책을 빌려줄 수 있니?

Let's **Learn More** 추가로 알아 두면 좋은 단어를 살펴봐요!

slowly vs. **suddenly**

펭수가 길가에 핀 꽃과 나비를 보면서 느리게 걷고 있었어요. 그런데 갑자기 비가 내리기 시작했어요. 단어 뒤에 -ly가 붙으면 ~하게라는 뜻이 되는데요. slow(느린)에 -ly가 붙어 slowly(느리게), sudden(갑작스러운)에 -ly가 붙어 suddenly(갑자기)와 같이 써요. 다음 빈칸에 알맞은 말을 써 보세요.

• Suddenly, it rained. 갑자기 비가 내렸다.
• She walked slowly. 그녀는 느리게 걸었다.

172 DAY 26

Let's Save Money for a Rainy Day! 173

DAY 26

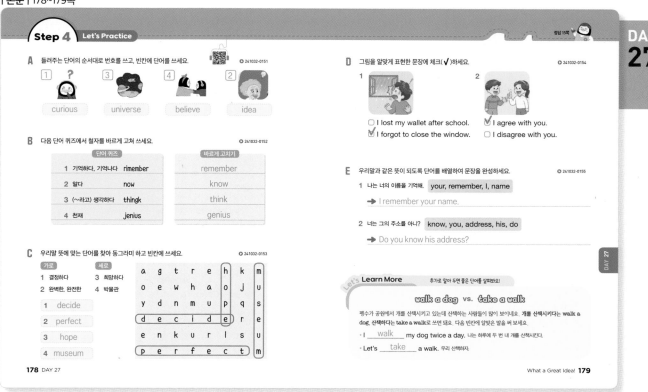

Step 4 Let's Practice

정답 15쪽

DAY 27

A 들려주는 단어의 순서대로 번호를 쓰고, 빈칸에 단어를 쓰세요. 241032-0151

1 ? curious 3 universe 4 believe 2 idea

B 다음 단어 퀴즈에서 철자를 바르게 고쳐 쓰세요. 241032-0152

단어 퀴즈		바르게 고치기
1 기억하다, 기억나다	rimember	remember
2 알다	now	know
3 (~라고) 생각하다	thingk	think
4 천재	jenius	genius

C 우리말 뜻에 맞는 단어를 찾아 동그라미 하고 빈칸에 쓰세요. 241032-0153

가로
1 결정하다
2 완벽한, 완전한

세로
3 희망하다
4 박물관

1 decide
2 perfect
3 hope
4 museum

a	g	t	r	e	h	k	m
o	e	w	h	a	o	j	u
y	d	n	m	u	p	q	s
d	e	c	i	d	e	r	e
e	n	k	u	r	l	s	u
p	e	r	f	e	c	t	m

D 그림을 알맞게 표현한 문장에 체크(✓)하세요. 241032-0154

1
☐ I lost my wallet after school.
☑ I forgot to close the window.

2
☑ I agree with you.
☐ I disagree with you.

E 우리말과 같은 뜻이 되도록 단어를 배열하여 문장을 완성하세요. 241032-0155

1 나는 너의 이름을 기억해. your, remember, I, name
➜ I remember your name.

2 너는 그의 주소를 아니? know, you, address, his, do
➜ Do you know his address?

Let's **Learn More** 추가로 알아 두면 좋은 단어를 살펴봐요!

walk a dog vs. **take a walk**

펭수가 공원에서 개를 산책시키고 있는데 산책하는 사람들이 많이 보이네요. 개를 산책시키다는 walk a dog, 산책하다는 take a walk로 쓰면 돼요. 다음 빈칸에 알맞은 말을 써 보세요.

• I walk my dog twice a day. 나는 하루에 두 번 내 개를 산책시킨다.
• Let's take a walk. 우리 산책하자.

178 DAY 27

What a Great Idea! 179

DAY 27

정답 **15**

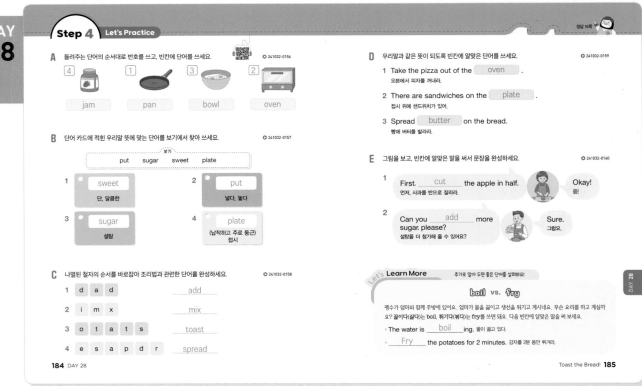

DAY 28

Step 4 — Let's Practice

A 들려주는 단어의 순서대로 번호를 쓰고, 빈칸에 단어를 쓰세요. ⊙ 241032-0156

4 jam 1 pan 3 bowl 2 oven

B 단어 카드에 적힌 우리말 뜻에 맞는 단어를 보기에서 찾아 쓰세요. ⊙ 241032-0157

보기
put   sugar   sweet   plate

1 sweet
단, 달콤한

2 put
넣다, 놓다

3 sugar
설탕

4 plate
(납작하고 주로 둥근) 접시

C 나열된 철자의 순서를 바로잡아 조리법과 관련된 단어를 완성하세요. ⊙ 241032-0158

1 d a d → add
2 i m x → mix
3 o t a t s → toast
4 e s a p d r → spread

D 우리말과 같은 뜻이 되도록 빈칸에 알맞은 단어를 쓰세요. ⊙ 241032-0159

1 Take the pizza out of the oven.
오븐에서 피자를 꺼내라.

2 There are sandwiches on the plate.
접시 위에 샌드위치가 있어.

3 Spread butter on the bread.
빵에 버터를 발라라.

E 그림을 보고, 빈칸에 알맞은 말을 써서 문장을 완성하세요. ⊙ 241032-0160

1 First, cut the apple in half.
먼저, 사과를 반으로 잘라라.
Okay! 응!

2 Can you add more sugar, please?
설탕을 더 첨가해 줄 수 있어요?
Sure. 그럼요.

Let's Learn More — 추가로 알아 두면 좋은 단어를 살펴봐요!

boil vs. fry

펭수가 엄마와 함께 주방에 있어요. 엄마가 물을 끓이고 생선을 튀기고 계시네요. 무슨 요리를 하고 계실까요? 끓이다(삶다)는 boil, 튀기다(볶다)는 fry를 쓰면요. 다음 빈칸에 알맞은 말을 써 보세요.

• The water is boiling. 물이 끓고 있다.
• Fry the potatoes for 2 minutes. 감자를 2분 동안 튀겨라.

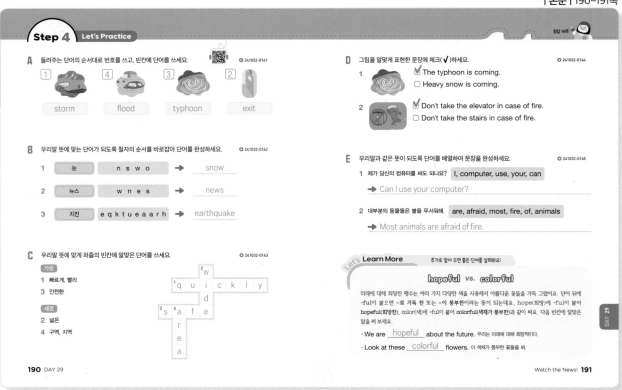

DAY 29

Step 4 — Let's Practice

A 들려주는 단어의 순서대로 번호를 쓰고, 빈칸에 단어를 쓰세요. ⊙ 241032-0161

1 storm 4 flood 3 typhoon 2 exit

B 우리말 뜻에 맞는 단어가 되도록 철자의 순서를 바로잡아 단어를 완성하세요. ⊙ 241032-0162

1 눈   n s w o → snow
2 뉴스 w n e s → news
3 지진 e q k t u e a a r h → earthquake

C 우리말 뜻에 맞게 퍼즐의 빈칸에 알맞은 단어를 쓰세요. ⊙ 241032-0163

가로
1 빠르게, 빨리
3 안전한

세로
2 넓은
4 구역, 지역

¹quickly
²w
d
³safe
r
e
a

D 그림을 알맞게 표현한 문장에 체크(✓)하세요. ⊙ 241032-0164

1 ✓ The typhoon is coming.
  ☐ Heavy snow is coming.

2 ✓ Don't take the elevator in case of fire.
  ☐ Don't take the stairs in case of fire.

E 우리말과 같은 뜻이 되도록 단어를 배열하여 문장을 완성하세요. ⊙ 241032-0165

1 제가 당신의 컴퓨터를 써도 되나요? I, computer, use, your, can
→ Can I use your computer?

2 대부분의 동물들은 불을 무서워해. are, afraid, most, fire, of, animals
→ Most animals are afraid of fire.

Let's Learn More — 추가로 알아 두면 좋은 단어를 살펴봐요!

hopeful vs. colorful

미래에 대해 희망찬 펭수는 여러 가지 다양한 색을 사용해서 아름다운 꽃들을 가득 그렸어요. 단어 뒤에 -ful이 붙으면 ~로 가득 찬 또는 ~이 풍부한이라는 뜻이 되는데요, hope(희망)에 -ful이 붙어 hopeful(희망찬), color(색)에 -ful이 붙어 colorful(색채가 풍부한)과 같이 써요. 다음 빈칸에 알맞은 말을 써 보세요.

• We are hopeful about the future. 우리는 미래에 대해 희망적이다.
• Look at these colorful flowers. 이 색채가 풍부한 꽃들을 봐.